이제는 행동이
답이 되는 순간

인종 차별을 반대 합니다

티파니 주엘 글
오렐리아 뒤랑 그림
박영주 옮김

Anti · Racism

봄나무

1장 틀에서 깨어나기

- 10　01 나는 누구일까?
- 18　02 내 사회 정체성은 무엇일까?
- 24　03 인종과 민족성은 무엇일까?
- 30　04 개인적 인종주의는 무엇일까?
- 36　05 제도적 인종주의는 무엇일까?

2장 닫힌 눈 열기

- 46　06 선입견은 개인적인 것
- 54　07 사람들과 함께해 온 역사
- 62　08 사람들의 역사 바로 알기
- 74　09 역사의 주인공은 여러분

3장 스스로의 길 선택하기

- 86　10 맞서기
- 94　11 행동하기
- 98　12 끼어들기
- 106　13 연대하기
- 112　14 지적하기

4장 문을 열고 나아가기

- 120　15 특권 이용하기
- 126　16 협력자 되기
- 132　17 관계 맺기
- 138　18 자기 자신 사랑하기
- 142　19 실수에서 성장하기
- 146　20 자유를 향해 나아가기

저자의 말

이 책에서는 인권 운동가들이 만든, 세상의 기준에서 한쪽으로 치우치지 않은 **젠더** 용어를 사용해서 모든 사람을 존중하는 마음을 담고 싶었어요. 전문 용어를 가리키는 영어 단어 끝에 쓰인 'ks'를 'x'로 바꿔 쓴 예가 대표적이에요. 이제까지의 단어에 담지 못했던 사람들까지 모두 포함하고 싶었기 때문이에요. 흑인(Black), 황인(Brown), 토착민(Indigenous), 유색인(People of Colour) 등의 **글로벌 다수자**(Folx of the Global Majority)를 가리키는 전문 용어의 영어를 쓸 때는 항상 대문자로 시작했어요. 오랜 세월 동안 역사에서 **소외당하는** 사람들의 삶과, 목소리를 내지 못했던 그들의 이야기도 중요하다는 믿음을 표현하고 싶어서랍니다. 이 책에서는 **연대**를 쌓을 수 있는 언어를 사용할 거예요.

흑인과 황인, 토착민을 '소수자'라고 표현하지 않은 까닭은 그들이 전 세계 인구에서 실제로 다수이기 때문이에요. 백인과 차별하는 생각이 담긴 언어를 사용하면 세상에 이들을 오롯이 드러낼 수 없어요. 또 여러분에게 있는 뿌리 깊은 역사와 조상을 잊을 수 있어요. 세상에서 여러분을 억누르는 자들이 만들어 놓은 사회와 규칙이 옳다고 여러분이 내는 목소리로 힘을 실어 주게 돼요.

'**인종**'과 사회 정체성은 권력을 뒷받침하는 **특권**을 가진 사람들이 학문으로 만들어 낸 개념이에요. 때때로 여러분은 세상에 강한 영향을 주는 지배 문화권의 사람들에게 있는 특성을 중심에 놓고 누군가를 판단하는 함정에 빠질 때가 많아요. 되도록 여러분 자신, 여러분 가족, 여러분에게 전해져 온 역사를 존중하는 표현을 사용해 주세요. 어떤 말도 하지 못하고 무시당하는 사람들, 세상과 사회에서 밀려나는 사람들을 존중하는 표현을 사용해 주세요.

독자 여러분

이 책은 모두를 위한 책이에요. 이 책에는 여러분의 조상과 여러분을 비롯해 아주 많은 사람의 이야기를 담았어요. 또 아주 오래전부터 오늘날에 이르기까지 세상에 깊이 뿌리박힌 인종 차별에서 자유로워지기를 바라는 마음과 인류애를 담았어요.

이 책에는 어렸을 때부터 알았더라면 좋았을 내용이 가득해요. 여러분이 어른이 되어 낳을 자녀들에게 알려 주면 좋을 유익한 이야기가 담겨 있기도 해요. 어렸을 때 자세히 배우지 못한 내용이면서 학교에서도 가르쳐 주지 않을 정보이기도 하답니다.

이 글을 쓰는 동안 마음 한구석이 내내 무거웠어요. 여러분은 에밋 틸(Emmett Till), 타미르 라이스(Tamir Rice), 코린 게인스(Korryn Gaines), 마이클 브라운(Michael Brown), 에릭 가너(Eric Garner), 샌드라 블랜드(Sandra Bland), 보비 허턴(Bobby Hutton), 앤트원 로즈 주니어(Antwon Rose Jr), 스테폰 클라크(Stephon Clark), 레키아 보이드(Rekia Boyd), 스티븐 로런스(Stephen Lawrence), 찰리나 라일스(Charleena Lyles), 올턴 스털링(Alton Sterling), 필랜도 캐스타일(Philando Castile), 아이야나 스탠리존스(Aiyana Stanley-Jones), 트레이본 마틴(Trayvon Martin)이라는 이름을 들어 본 적 있나요? 이들의 이름을 비롯해 우리가 해시태그(#)로, 눈물로, 앞으로 나아갈 힘이 될 분노로 마음속에 묻은 수많은 사람이 떠올라 가슴이 아팠기 때문이에요.

나는 보이지 않는 차별을 무너트리는 일에 여러분이 힘이 되어 주리라 굳게 믿고 있어요. 이 믿음 덕분에 여러분과 나눌 이야기를 책으로 엮을 수 있었지요. 사람들에게는 세상의 차별에 맞설 용기와 정의가 필요해요. 앞으로 이름 앞에 해시태그를 붙여 누군가를 추모하는 일은 절대 일어나지 않아야 해요.

이 책이 '인종 차별 반대'라는 엄청난 행동을 여러분이 할 수 있는 시작점이었으면 좋겠어요. 글을 쭉 읽다 보면 옳지 못한 차별과 **억압**에 맞서는 힘이 생길 거예요. 지금껏 잘못 갖고 있던 생각이 깨어지면서 완전히 새로운 눈으로 세상을 바라볼 수도 있고요.

인종 차별에 맞서 목소리를 내기에 누군가는 여러분이 아직 어리다고 말할지도 몰라요. 또 골치 아픈 피부색 이야기는 그만두고 모든 사람을 '지구의 시민'으로 바라봐야 한다고 말할지도 몰라요. 인종 문제가 아닌데 자꾸 들추어내는 행동이 잘못되었다고 지적할지도 모르지요. 여러분의 생각이 틀렸다면서 문제만 일으킨다고 눈치를 줄 수도 있어요. 이 모두는 사실이 아니니 움츠러들지 마세요.

인종 차별은 아주 심각한 문제예요. 아무것도 하지 않으면 절대 사라지지 않을 문제이기에 여러분이 관심을 가지고 지켜봐야 해요. 따라서 옳지 않은 차별에 계속 반대하는 행동은 아주 바람직해요. 나는 이 책을 펼쳐 든 여러분이 정말 자랑스럽답니다.

인종 차별에 맞서는 일은 여러분 혼자만의 여정이 아니라는 사실을 꼭 기억하세요. 혼자라고 생각한 여러분 곁에는 힘이 되어 줄 다른 누군가가 있답니다. 여러분과 함께하는, 여러분보다 먼저 행동한, 여러분의 뒤를 이을 수많은 사람이 있어요. 혼자만의 힘으로는 맞서 싸울 수 없으니 친구와 가족에게 도움을 구하세요. 행동할 여러분에게 이 책이 지혜를 빌려 줄 수도 있답니다. 책을 읽다가 나오는 **굵게 색칠되고 밑줄 친 단어**들은 맨 뒤쪽의 용어집에서 뜻을 찾아보면 쉽게 이해할 수 있어요.

책 중간중간에 있는 '활동하기'와 '생각하기'에서 살펴본 내용을 얼마나 이해했는지 스스로 확인할 수 있어요. 더불어 행동하는 능력도 키울 수 있어요. 스스로를 돌아보며 자기 자신의 역사, 인종주의가 생긴 배경, 세상이 인종주의에서 벗어나지 못하는 이유를 알 수 있어요. 책을 읽을수록 여러분은 인종 차별을 무너뜨리기 위해 사람들과 협력하며 준비된 미래의 운동가로 바뀌어 갈 거예요. 앞에서부터 순서대로 책을 읽어 주세요. 앞 장의 내용을 바탕으로 뒷장의 내용이 이어지기에 인종 차별 반대를 더욱 깊게 이해할 수 있어요. 이제 이 책을 반복해서 여러 번 읽어 보길 바라요. 차별에 맞서는 일은 여러분과 많은 사람이 평생 실천해야 할 중요한 숙제랍니다.

당신도 함께하기 바라며
티파니

반인종주의자
ANTI-RACIST

반인종주의자는 인종주의에 반대하는 사람이에요.

반인종주의는 인종주의에 적극적으로 맞서는 행동이에요. 옳지 않은 법이나 정책, 차별하는 태도에 저항하겠다는 약속이에요. 반인종주의는 수백 년 동안 사람들을 가르고 억누른 인종 차별 사회에서 벗어나게 해 줘요.

1장에서 살펴볼 내용

- 나는 누구일까?
- 내 사회 정체성은 무엇일까?
- 인종은 무엇일까?
- 인종주의는 무엇일까?

틀에서 깨어나기 01
나는 누구일까?

여러분은 누구인가요?

여러분은 바로 '자기 자신'이에요.

세상에 단 한 명뿐인 여러분에게 어떤 사람인지 알려 주는 방법은 무궁무진해요. 여러분에게 있는 정체성은 자신을 **'나다운 존재'**로 만들어 줘요. 또 나를 세상에 하나뿐인 존재로 만들어 주는 요소이기도 해요.

나를 나답게 만들어 주는 요소에는 가족, 친구, 이웃, 학교, 내가 SNS에서 보는 것, 내가 읽는 것, 내가 듣는 것, 내가 먹는 것, 내가 입는 것, 내가 느끼는 것, 내가 꿈꾸는 것, 내가 나누고 싶은 이야기, 내가 숨기고 싶은 이야기를 비롯해 그 밖의 모든 것이 있어요.

여러분의 내면을 이루는 것도, 여러분의 주변 환경도, 모두 '여러분'이라는 사람을 만들어 줘요.

오래전, 여러분보다 먼저 살았던 조상들도 여러분의 일부를 이뤄요. 조상은 전혀 모르거나 들어 본 적 없는 조상, 한 번도 본 적 없는 조상에서부터 길에서 스치거나 옆에 나란히 앉았던, 품에 안겨 본 조상 모두를 가리킨답니다.

지금까지 살면서 **"나는 누구지?"**라고 스스로 물어보거나, **"넌 누구야?"**라는 질문을 다른 사람에게 받아 본 적이 있나요?

이 질문에 어떻게 대답하겠나요? 여러분은 다른 사람에게 자기 자신을 얼마나 알려 줄 수 있나요? 14세 때 내가 어떤 사람이었는지 들려줄게요. 이를 통해 어떻게 대답할 수 있는지 한번 보세요.

내 이름은
티파니야.

•

열네 살이지.

•

나는 뉴욕주에 있는 작은 집에 살고 있어. 엄마, 쌍둥이 언니와 함께 살아.
흑인 혼혈 <u>시스젠더</u> 여성인 나는 갈색 눈에, 얼굴에는 주근깨가 많아.
그리고 곱슬머리를 가졌어. 예전에는 이런 내 외모가 싫었지만
지금은 아주 마음에 들어.
나는 독서랑 빵 굽기를 정말 좋아해. 친구들이랑 춤추는 것도 정말 좋아.
그런데 시는 너무 못 써서 내가 쓴 시는 누구에게도 보여 주고 싶지 않아.
나는 이런 사람이야.

물론 이것 말고 다른 모습도 아주 많아.

앞서 살펴봤듯 내가 한 이야기에는 정체성이 참 많아요. 이 가운데 어떤 정체성을 세상에 어떻게 보여 줄지는 여러분이 **스스로** 결정해야 해요.

여러분이 성장하듯이, 여러분의 정체성도 자라나며 계속 달라져요. 그 가운데 언제나 변함없이 여러분과 함께하는 정체성도 있어요. 내 피부색과 얼굴에 가득한 주근깨는 오래전부터 나와 함께한 정체성이에요. 이것들은 세월이 흘러 103세가 넘어서도 그대로일 거예요!

달라지는 부분도 있어요. 심지어 날마다 달라지기도 해요. 나는 머리카락을 묶어 올리거나 풀 수 있고 땋거나 곱슬머리를 생머리로 펼 수도 있어요. 머리카락의 색이나 길이도 바꿀 수 있어요. 오롯이 내가 정할 수 있답니다.

누군가는 어떤 기준에 따라 여러분을 판단하기도 해요. 이 기준들은 '보이지 않는 상자'에 담겨 있답니다.

> **많은 사람이 보이지 않는 상자에 자신을 맞춰 넣으려고 애쓸 거예요.**

이 상자에는 우리가 '지배 문화'라고 부르는 것들이 있어요. 백인, 중산층, **시스젠더** 남성, 교육받았고 체격이 좋으며 **신경계 질환이 없고** 건강함이라는 기준이 대표적이에요.

상자 속에 있는 기준과 맞지 않는다면 세상에서 말하는 '하위문화'에 들어가는 사람이라고 볼 수 있어요. '하위문화'에 있는 사람들은 흑인, 황인, 토착 유색인, 성적 소수자, **트랜스젠더**, **제3의 성 정체성**을 가진 사람, 시스젠더 여성, 청년, 이슬람교도, 유대인, 불교 신자, 무신론자, 비기독교인, **신경계 질환이 있는** 사람, 신체장애가 있는 사람, 가난한 사람 등이에요. 어떤가요, 보이지 않는 상자의 기준과 맞지 않는 사람이 훨씬 더 많지요?

지배 문화는 지금까지 세상에서 '정상'으로 여겨져 왔어요. 상자의 기준에 맞는 사람들이 지배 문화의 기준을 '정상'으로 만들어 유지해 왔기 때문이에요. 이러한 모습의 정상이 여러분 자신과 세상을 바라보는 기준이 되어 왔다는 것에 관해 어떻게 생각하나요?

영리한 사람, 아름다운 사람, 훌륭한 사람, 지도자, 문제아란 어떤 사람일까요?

사람들을 가리키는 온갖 꼬리표와 꾸미는 말들이 생기면서 보이지 않는 상자의 기준에 완벽하게 맞는 이와 그렇지 않은 이로 사람들이 나뉘었어요. 중요한 점은 상자에서 말하는 지배 문화의 기준은 정체성의 정답이 아니라는 사실이에요. 나는 지금까지 한 번도 상자의 기준에 들어맞은 적이 없어요. 여러분도 이런 기준에 맞아떨어져야 할 필요가 없답니다.

수많은 정체성이 하나로 모였을 때 비로소 여러분이 누구인지 정해져요. 다른 사람들에게 여러분이 어떤 사람인지 정확히 알려 준 뒤에야 주변과 세상 사람들을 이해할 수 있어요. 정체성은 사람과 사람을 이어 주기도 하고 갈라놓기도 해요. 방향을 알려 주는 정체성을 통해 자신이 어떤 사람인지 잘 이해하면 더욱 성장할 수 있어요. 세상은 여러분이 어떤 존재인지 어떤 정해진 틀로 알려 주려 할 거예요. 그걸 정할 수 있는 사람은 오직 여러분 한 명뿐이라는 사실을 꼭 기억하세요.

누구에게나 자신이 어떤 사람인지 타협하지 않고 있는 모습 그대로 이해받을 권리가 있어요.

활동하기

1. 공책을 펼치세요. 가지고 다니면서 쉽게 볼 수 있는 공책이면 무엇이든 좋아요. 5분 동안 여러분이 누구인지 알려 주는 점을 생각나는 대로 모두 적어 보세요. 정답은 없으니 스스로를 가장 잘 나타내는 정체성을 자유롭게 적어 보도록 해요. 다음은 여러분이 쓸 때 참고할 예시랍니다.

여러분의 정체성 목록을 만들어 보세요!

나는 이런 사람이에요

여자, 시스 여성
흑인 혼혈
밝은 피부색
쌍둥이
딸
1세대 미국인
빵 굽기
주근깨 있음
키 크고 마름
자매
곱슬머리
영국계 미국인
영어 사용자
옆으로 누워 잠

알레르기 있음
독서광
크리에이터
안경 착용
활동하기 편한 옷 선호
초콜릿 애호가
고집이 셈
반항기 있음
낙천적임
재충전 시간이 필요한 외향형
추위를 많이 탐
드라마 마니아
정의의 수호자
파악하기 어려운 사람

2. 여러분의 **정체성 지도**를 만들어 보세요.
빈 종이를 한 장 꺼내거나
공책에 이어서 만들어 보세요.
먼저 종이 한가운데에 이름을 적은 다음,
이름 주변에 여러분을 나타내는 정체성을
쭉 써 보세요. 그림을 그려도 좋아요.
이건 여러분을 보여 주는 지도니까요.

지배 문화

어떤
뜻인지
알아봐요.

사회에서
가장 큰 권력이 있는
사람들이 **지배 문화**를 만들었어요.
언제나 그렇지는 않지만
사회에서 대부분 큰 영향을 미쳐요.
미국과 영국이라면 백인, 중산층,
종교는 기독교, 시스젠더인 사람들이
지배 문화에 있는 사람들이에요.
이들은 <u>제도</u>를 만들고 나라에서
'표준'이라 여기는 행동이나 가치,
전통을 세웠어요.

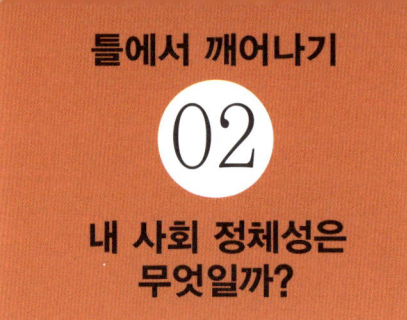

틀에서 깨어나기 02
내 사회 정체성은 무엇일까?

**여러분에게 있는 수많은 정체성은
여러분을 이루는 일부예요. 어느 한 부분만으로
어떤 사람이라고 말할 수 없어요.**

여러분이 가진 정체성에는 스스로 만들 수 있는 부분도 있지만 사회에서 만들어 주는 부분도 있어요. '**사회**'는 공동체를 가리키는 다른 표현이에요. 사회에서는 오래전부터 정체성을 만들어 이름을 붙이고 역할을 정해 의미를 주었어요. 이를 '**사회 정체성**'이라고 해요. 여러분의 사회 정체성은 사는 동네나 도시, 나라처럼 다른 사회 구성원과 관련된 여러분의 모습을 말해요. 사회 정체성과 사람들이 이룬 무리를 바탕으로 문화가 만들어진답니다.

범주

어떤 무리나 범주에 따라 사회 정체성을 여러 가지로 나눌 수 있어요. 사람들이 인정하지 않아도 자연스럽게 받아들여지는 범주도 있어요. '사회 정체성'이라는 범주로 자신과 비슷한 사람들을 살펴볼 수 있어요. 사회 정체성의 범주는 자신과 다른 사람들을 폭넓게 이해할 수 있도록 해 줘요. 또 다른 사람들에게 우리를 어떻게 대해야 할지의 방법을 알려 주기도 해요. 여기에서 여러분은 제대로 알고 행동해야 해요.

먼저 스스로에게 다음처럼 질문해 보세요. '사회 정체성은 무엇이고 왜 있을까?' 질문을 비판적으로 분석해 본 다음 오늘날과 같은 상황이 왜 벌어졌는지 그 이유를 잘 생각해 보세요.

02 틀에서 깨어나기 · 내 사회 정체성은 무엇일까?

이 책에서는 인종 정체성을 중심으로 살펴보려고 해요. 사회에서 우리가 영향을 받는 정체성의 범주는 아주 많아요. 주황색 상자에 있는 말들을 들어 봤나요?

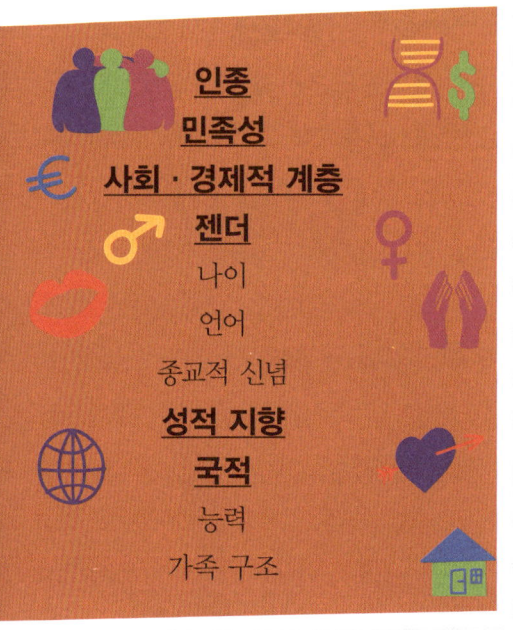

환경과 사람들, 경험에 따라 여러분이 일상에서 느끼는 정체성들은 달라질 수 있어요. 평소 크게 신경 쓰지 않거나 거의 알아차리지 못하는 정체성이라도 언제나 여러분 안에서 자리하고 있답니다.

특권

사회 정체성에는 권력과 특권을 가진 것도, 가지지 않은 것도 있어요. 심지어 여러분이 가진 정체성에서도 권력을 누리거나 억압을 받는 것이 있어요. 이와 달리 보이지 않는 상자에서 말하는 정체성은 언제나 최고의 권력과 **주도권**이 붙어 있어요. 이런 다른 점 때문에 여러분은 사회라는 틀에서 정체성을 이해하고 언제나 스스로를 전체적으로 살펴봐야 해요.

사람들이 쓰는 언어를 예로 살펴볼게요. 나는 세계에서 두루 쓰는 영어권 나라에 살고 있어요. 덕분에 영어로 쓴 표지판과 안내판을 읽고 이해할 수 있어요. 학교나 상점, 기관에 들어가서 사람들과 영어로 자유롭게 대화할 수도 있어요. 어떤 나라에서든 그 나라의 말을 쓰지 않아도 영어를 쓰면 서비스나 보호를 받기 쉬워요.

특권은 지배 문화의 기준에 가까워서 얻는 혜택이에요. 영어를 쓰고 호감 가는 외모를 지닌 건강한 **이성애자**, 시스젠더인 백인 남성은 트랜스젠더인 황인 여성보다 많은 특권을 누려요. 특권이 있는 사람은 다른 사람들에게 권력을 휘두를 수 있어요. 사회 정체성에 따라 혜택을 받지 못하는 사람들도 있어서 모든 사람이 이 특권을 누리지는 않아요. 하위문화에 있는 사람들은 특권과 권력이 없기도 해요. 특권을 누리지만 약점을 가진 정체성도 있어요.

어떤 사람들은 여성이기 때문에 **시스 남성**과 똑같은 특권을 누리지 못할 때도 있어요. 중요한 역할을 하는 지도자 후보에서 빠지기도 하고 같은 수준으로 일해도 더 적은 보수를 받기도 해요. 밤거리를 다닐 때도 힘센 누군가가 해칠지도 모른다는 두려움에서 시스 남성보다 자유롭지 못할 수 있어요.

시스젠더 백인 남성과 같은 특권을 누리지는 못해도 **시스젠더 정체성**은 지배문화의 기준에 가까워요. 이 덕분에 트랜스젠더와 제3의 **성 정체성**을 가진 사람들이 갖지 못하는 특권을 누리기도 해요.

교차성

사회 정체성이 세상에 어떻게 영향을 주는지 이해하려면 교차성을 알아야 해요. 흑인 여성 변호사면서 작가이자 학자 겸 민권 운동가인 킴벌리 크렌쇼(Kimberlé Crenshaw)가 1989년에 '교차성'이라는 말을 썼어요. 크렌쇼는 교차로에서 일어난 교통사고는 한 방향에서 온 차가 아니라 여러 방향에서 오는 차 때문에 생긴다고 했어요. 즉 흑인이나 황인 여성이 겪는 차별 또한 '젠더'나 '인종'만이 아닌 여러 이유로 생길 수 있다고 봤지요.

황인 여성은 여성이면서 황인이기 때문에 **소외당하는** 존재예요. 사람을 하나의 생각과 눈으로만 바라보면 그 사람과 그가 살아온 삶을 아주 일부밖에 볼 수 없어요.

한 사람에게 있는 모든 모습과 더불어 억압받는 부분까지 바라볼 때, 차별이 얼마나 깊숙이 뿌리내리고 있는지 제대로 이해할 수 있어요.

내가 어떤 사람인지, 어떤 부분에서 특권을 누리는지, 정체성은 어떻게 생겨났는지, 그 정체성으로 사회에서 어떤 역할을 할 수 있는지 잘 알아야 해요. 자신을 이해하는 데서 더 나아가 세상에서 누가 특권과 권력을 독차지하고 누가 소외되고 있는지 살펴야 해요. 그래야만 바르지 못한 사회를 바꿀 방법을 생각할 수 있기 때문이에요(특권에 관한 보다 자세한 내용은 4장의 15와 17챕터에서 살펴볼게요).

활동하기

이번 장에서 살펴본
사회 정체성의 범주를
공책에 적어 보세요.
더 떠오르는 것이 있나요?
사회 정체성의 범주에 따라 여러분에게
있는 정체성이 무엇인지
적어 보세요.

생각하기

무엇이 눈에 들어오나요?
여러분에게 있는 정체성 가운데
사회에서 권력과 특권을 누리는
부분이 있나요?
아니면 권력과 특권을 누리지
못하는 부분이 있나요?

강해지기
인종 정체성
특권
권력
차별

공동체
사회
정체성
나는 누굴까?

틀에서 깨어나기 03

인종과 민족성은 무엇일까?

이 책에서는 피부색을 중심으로 인종을 살펴보려고 해요. 수백 년 동안 인간은 피부색, 머리카락의 색, 외모, 문화유산 등으로 사람들을 구분했어요.

인종은 과학 개념이 아니라 사회적 개념이에요.

인종을 가르는 범주는 지배 문화에 있는 사람들이 오랜 세월에 걸쳐 만들었어요. 1700년대 중반에 유럽의 과학자들은 식물과 동물을 구분하듯 사람들을 나누었어요. 칼 린네(Carl Linnaeus)와 요한 프리드리히 블루멘바흐(Johann Friedrich Blumenbach)가 이런 일을 한 대표적인 사람들이었지요. 칼 린네와 요한 블루멘바흐와 비슷한 생각을 가진 사람들은 오늘날까지도 학교에서 이렇게 가르치고 있어요.[1] 그들의 '과학'에 따라 만들어진 인간의 계급에서 밝은 피부색을 가진 유럽인이 가장 높은 자리에 있었어요. 토착민과 피부색이 어두운 사람들은 가치 없는 존재였답니다.

미국에서는 다음처럼 인종을 나누어요. 백인, 흑인 또는 아프리카계 미국인, 아시아인, 아메리칸 인디언 또는 알래스카 원주민(토착민), 하와이 원주민 또는 태평양제도 주민, 혼혈 또는 이중 인종이라고도 부르는 복합 인종으로 자세히 나눈답니다.

피부색은 여러분에게 있는 다른 수많은 특성처럼 대대로 전해 내려왔어요. '멜라닌(Melanin)'이라는 색소의 양에 따라 피부색이 정해져요. 멜라닌은 태양의 자외선에서 사람을 보호해 주고 체온을 유지해 주며 비타민 D를 흡수하는 피부 속에 있는 색소예요. 아프리카계 혈통을 가진 사람들은 유럽계 혈통을 가진 사람들보다 멜라닌이 더 많아요.

백인은 유럽, 특히 북유럽 쪽에 조상이 있는 사람들을 가리켜요. 이들은 멜라닌 색소를 가장 적게 가졌어요. 흑인은 조상이 주로 아프리카 쪽인 사람들을 가리켜요. 여기에는 아프리카계 미국인을 비롯해 자메이카, 도미니카공화국, 아이티, 카리브해에 있는 여러 나라 출신의 사람들이에요. 햇살이 더 강한 적도 가까이에 살아서 멜라닌 색소를 많이 가졌어요. 황인은 아시아계나 **라틴계** 쪽의 혈통을 가진 사람들이에요.[2] 토착민은 조상이 특정한 땅이나 지역에 가장 처음 자리 잡은 사람들이에요. 이중 인종과 복합 인종의 혈통에는 두 가지 이상의 인종이 섞여 있어요.

민족성

인종과 민족성은 자주 뒤섞여 쓰이는 개념이에요. 민족 정체성은 여러분이 가진 문화 정체성을 뜻하며 **사회적 구성**이기도 해요. 인종은 몸의 특성을 중심으로 봐요. 이와 달리 민족성은 언어나 전통, 역사처럼 조상 대대로 이어져 내려오는 문화유산에 맞추어 봐요. 민족성의 예로는 일본계 미국인, 카리브해 나바호족, 수단인 등을 들 수 있어요. 이처럼 출신 지역이 민족성을 일부 결정하는 경우가 많아요.

인종의 뜻과 더불어 인종을 분류하는 이름은 지금까지 그랬듯 앞으로도 계속 바뀔 거예요. 과거에는 멜라닌이 적은 사람들을 가리켜 '코카시아 인종'이라고 불렀어요. 앞서 이야기한 독일인 **인류학자** 요한 프리드리히 블루멘바흐가 1800년대 말에 그 단어를 널리 퍼트렸어요. 그는 유럽인과 코카서스 지역에 사는 사람들을 '가장 아름다운 인종'이라고 칭했어요.[3] 이는 당연히 한 사람이 낸 의견일 뿐 정확하고 과학적인 자료는 아니었어요.

인종을 가리키는 이름이 계속 바뀐다는 사실을 보여 주는 예로 '물라토(Mulato)'가 있어요. 오래전부터 선생님과 가족을 비롯해 많은 사람이 두 가지 인종이 섞인 사람을 가리킬 때 이 단어로 많이 불렀어요. '물라토'는 새끼 노새를 뜻해요. 예전에는 흑인 부모와 백인 부모를 한 명씩 둔 아이들을 서로 다른 종 사이에 태어난 노새처럼 보는 사람들이 있었어요. 오늘날에도 여전히 물라토라는 단어가 쓰이지만 그들은 노새가 아니에요. 온전한 한 사람이랍니다.

인종을 나누는 공식적인 기준들은 지역에 따라 달라지기도 해요.

미국에서는 인종을 다섯 가지로 봐요. 백인, 아메리칸 인디언(또는 알래스카 원주민), 아시아인, 흑인(또는 아프리카계 미국인), 하와이 원주민(또는 기타 태평양 제도 주민)으로 구분하지요. 남아프리카에서는 아프리카계 흑인, 유색인(이중 및 복합 인종인 사람들), 인디언 또는 아시아인, 백인, 기타 등으로 구분해요. 우루과이에서는 백인, 메스티소(유럽인과 토착민 혈통을 가진 사람들), 흑인으로 구분해요.

영국에서는 인종과 민족 정체성을 합쳐서 구분하는 기준을 만들었어요. 기준에 따라 백인, 혼혈·복합 민족, 아시아인·아시아계 영국인, 흑인·아프리카·카리브해·서인도제도 영국인, 기타 민족으로 구분하고 있어요.

나라마다 인종을 나누는 서로 다른 분류에서 **인종과 민족성은 사회적 구성이 맞다**는 사실을 확인할 수 있어요.

인종을 설명하고 구분하는 기준들은 세월이 흐르면서 계속 달라졌어요. 어떤 한 사람의 아버지가 흑인이고 어머니가 백인이에요. 밝고 연한 갈색 피부에, 얼굴 전체에 주근깨가 많고 갈색 눈과 곱슬머리를 가졌어요. 그의 민족 정체성에는 그가 알고 있는 가족의 배경이 모두 들어가 있어요. 또 영국인, 아프리카계 미국인, 프랑스인, 아일랜드인, 그리고 수족(아메리카 원주민의 한 종족)도 있다고 들었어요. 인종 분류를 따졌을 때 그 사람은 백인에 속했어요. 백인 어머니와 함께 살아서였을까요? 피부색이 밝아서였을까요? 아니면 통계에서 정해진 인원수를 채우기 위해서였을까요? 그 사람이 백인에 속한 이유는 누구도 몰라요. 정확하게는 그가 흑인 이중 인종이라는 사실만 알고 있을 뿐이지요.[4]

인종은 피부색으로 누가 뛰어나고 아름다운지 딱 잘라 말할 수 없는 아주 복잡한 개념이에요. 밝은 피부색을 가진 사람들이 더 영리하고 예쁘고 뛰어나다는 과학적인 증거는 어디에도 없어요. 그럼에도 인류는 이런 생각을 오랜 시간 갖고 살아왔어요. 저술가 타네히시 코츠(Ta-Nehisi Coates)는 《세상과 나 사이(Between the World and Me)》에서 이렇게 말했어요.

"인종은 인종주의의 자식이지, 그 아버지가 아니란다."

강한 권력을 가진 사람들은 피부색이나 출신 국가, 몸의 특성으로 사람들을 구분하라고 가르쳐 왔어요. 지배 문화에 있는 그들은 수백 년 동안 법과 제도를 만들어 권력을 오래도록 자신들만 가지려 했어요. 어떻게 그럴 수 있었을까요? 다음에서 자세히 살펴볼게요.

활동하기

공책을 준비해 어떤 방해도 받지 않고 생각에 잠길 수 있을 만한 곳을 찾아 자리 잡으세요.

차분하게 앉아 여러분의 **인종과 민족성**을 곰곰이 생각하는 시간을 가져 보세요. 다음 질문들을 참고해도 좋아요.

1. 자신의 민족 정체성에 대해 무엇을 알고 있나요?
2. 가족이나 친구들과 대화해 본 주제인가요?
3. 평소 자신의 인종을 생각해 본 적 있나요? (있다면 얼마나 자주 하나요?)
4. 민족 정체성을 자주 생각하나요?
5. 자신의 인종 정체성과 민족 정체성이 비슷해 보이나요? 그렇다면 서로 조화를 이루나요?

차분히 심호흡을 하세요.

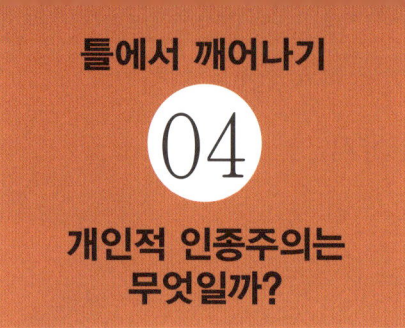

틀에서 깨어나기 04
개인적 인종주의는 무엇일까?

누군가 인종주의를 우리에게 해로운 스모그에 빗대어 표현했어요. 인종주의는 넓게 보면 여러분의 주변 어디에나 있어요. 사회 모든 곳에 있다는 뜻이지요. 인종주의는 사람들의 삶을 더럽히고 망가뜨려요. 인종주의라는 스모그에서 사람들의 생각이 깨어 있을수록, 그에 맞서 싸울 힘을 키울 수 있어요.

사람들이 인종주의라는 단어를 듣고 저마다 다른 생각을 떠올리는 이유는 뭘까요? 인종주의를 받아들이고 이해하는 법이 저마다 다르기 때문이에요. 사람들은 자기만의 방식으로 인종주의를 생각하고 받아들여요. 여러분은 아마 다음과 같은 표현을 자주 들어 봤을 거예요.

- 인종주의는 인종을 바탕으로 장점과 단점을 나누는 체계다.
- 편견 + 권력 = 인종주의
- 인종을 바탕으로 편견을 갖거나 차별하는 것이다.
- 인종마다 특성이 서로 다르다고 믿기에 <u>우월한</u> 인종과 <u>열등한</u> 인종이 있다고 여긴다.

몇 년 전에 있었던 인종 차별 관련 수업에서 인종주의를 잘 정리한 표현이 있었어요. 인종주의는 개인이 가진 편견(또는 선입견)이면서 기관이 <u>제도적인</u> 권력을 인종주의란 개인이 가진 편견(또는 선입견)이면서 기관이 **제도적인** 권력을 잘못 쓰거나 함부로 휘두른 예예요.

잘못 쓰거나 함부로 휘두른 예라는 표현이었답니다. 이 책에서는 이를 기준으로 인종주의를 살펴보려고 해요.

여러분이 이를 이해했다면 인종주의가 세상 곳곳에 어떻게 영향을 주는지 제대로 바라볼 수 있어요. 앞으로 사람들이 무너트려야 할 인종주의는 아주 많아요.

인종주의는 단순한 편견(또는 선입견)이 아니에요!

선입견이나 **편견**을 갖지 않은 사람은 없어요. 선입견이나 편견은 사람들이 개인적으로 내리는 판단으로 차별하는 것이기도 해요. 선입견에는 의식적인 것도 있고 무의식적인 것도 있어요. 주변 환경에서 배우고 미루어 생각한 모든 것이에요. 사람들이 눈으로 직접 본 **고정 관념**도 여기에 들어가요. 자신이 지배 문화에 있는지 아닌지도 선입견이나 편견을 이루는 데 영향을 미쳐요. 인간은 2세 때부터 편견을 가질 수 있어요.[5] 이를 받아들여 익숙해지면 신념이 되지만 바꿀 수 있답니다.

아름다움

전 세계의 많은 지역에서는 밝은 피부색을 비롯해 유럽인에게 있는 신체 특성들이 가장 매력적이라는 편견을 받아들여 왔어요. 그래서 백인을 미의 기준으로 여기곤 해요. 여러분에게도 이런 미의 기준이 익숙한가요? 그렇다면 이 모두는 린네와 블루멘바흐 덕분일지도 모르겠네요. 어두운 피부색을 가진 사람이 열등하다는 믿음은 수백 년 동안 이어졌어요. 피부색이 밝은 사람들은 가장 높은 자리에서 최고의 권력을 누렸고 밝은 피부색이 우월하다는 편견을 계속해서 세상에 퍼트렸어요. 어떤 사람들은 이와 같은 아름다움의 기준에 맞추려고 엄청난 애를 썼어요. 표백 크림을 발라 피부를 밝게 염색하기도 했고 화학 제품을 써서 머리카락 색을 바꾸기도 했어요. 다음 이야기를 한번 들어 보세요.

10대 초반에 타고난 곱슬머리를 '백인의 생머리'처럼 바꾸려고 애를 쓴 친구가 있어요. 미용실에서 많은 돈과 시간을 헛되이 쓰던 날이 이어졌지요. 미용사는 두피에 좋지 않은 각종 화학 제품을 곱슬머리에 발랐어요. 몇 시간 뒤에는 아주 뜨겁게 달궈진 미용 기구로 구불거리는 머리카락을 생머리로 펴 자연스러운 머릿결을 없앴어요. 많은 돈과 시간이 들어간 결과는 오래 가지 않았어요. 6주 정도 지나며 두피에서 새로 난 곱슬머리가 모습을 드러냈거든요. 다시 곱슬곱슬해지는 머리카락을 없애는 과정을 여러 번 거칠 때마다 회복에 몇 주가 걸리는 화상을 입어야 했고 머리카락도 잔뜩 상했어요. 15세부터는 더 이상 머리카락을 억지로 펴지 않았어요. 어느 날, 친구는 수영을 마치고 사물함으로 왔다가 옆 사물함을 쓰는 아이와 마주쳤어요. 물에 젖어 곱슬거리는 머리카락을 본 아이가 "왜 네 원래 머리로 다니지 않는 거야?"라고 묻지 않겠어요? 그 순간 친구는 말문이 막혔어요. 물어본 아이에게도, 자신에게도 뭐라고 답해야 할지 몰랐거든요. 그때부터 친구는 자신의 곱슬머리를 생머리로 바꾸지 않았다고 해요. 곱슬머리는 예쁘지 않다는 선입견과 생머리를 가진 백인 친구들처럼 보이고 싶다는 잘못된 바람 때문에 스스로의 모습을 싫어했다는 사실을 깨달았기 때문이에요.

사람들은 종종 백인다워야 한다는 편견에 물들어 있어요. 이런 잘못된 생각은 바로잡을 수 있어요. 인종주의가 이어지는 데는 사람들의 역할이 커요. 무엇보다 스스로 선입견에 빠졌다는 사실을 알아채려고 노력하지 않으면 모르는 사이에 문제를 더 키울 수 있어요. 스스로 어떤 편견을 가졌는지, 인종주의에 어떻게 물들어 있는지 깨달아야 여러분을 둘러싼 커다란 틀을 마주할 수 있어요.

**인종주의는 우리 사회의 일부를 이루지만
반드시 그래야 하는 건 아니에요.**

활동하기

공책을 펼쳐서 가운데에 세로로 줄을 그으세요. 한쪽에는 "나는 이런 사람이에요", 다른 한쪽에는 "이런 사람이기도 해요"라고 제목을 적어 보세요.
"나는 이런 사람이에요" 밑에는 여러분에게 있는 정체성을 모두 적어 보세요.
"이런 사람이기도 해요" 밑에는 각 정체성에 있는 여러분의 진짜 모습을 적어 보세요.

나는 이런 사람이에요	이런 사람이기도 해요
• 쌍둥이	• 주체적인 사람
• 밝은 피부색	• 흑인
• 혼혈	• 온전한 사람
• 1세대 미국인	• 가족 역사에 대한 자부심
• 주근깨	• 내가 가진 풍부한 멜라닌에 대한 애정

틀에서 깨어나기
05
제도적 인종주의는 무엇일까?

아는 것이 없거나, 여러분에게 정보와 지식이 부족하면 선입견과 편견에 빠지기 쉬워요.

헤아릴 수 없는 시간 동안, 차별에 맞서 온 수많은 사람의 이야기들은 역사에서 자취를 감췄어요. 지배 문화에 있는 사람들이 주인공이었던 이야기만 대부분 남아 지금까지 전해 내려왔어요. 역사책에서 나오지 않는 황인과 흑인의 이야기를 계속 모르고 있다면 어떻게 될까요? 세상의 중심에서 배우나 모델, 기구나 단체, 나라의 지도자 등은 백인이어야 한다고 당연하게 생각할지도 몰라요. 더 나아가 이러한 상황을 정상으로 받아들이면서 평범한 생활 방식으로 여길 수도 있고요.

역사를 하나의 눈으로만 마주한다면 제대로 바라볼 수 으로, 한 부분으로 가려진 진실을 없어요.

눈에 보이지 않거나 잘 모르는 것은 미루어 생각하곤 해요.

이와 관련 있는 이야기를 들려줄게요. 내가 다닌 학교에서는 뉴욕주에 있는 시러큐스의 역사를 가르쳤어요. 시러큐스는 먼 옛날에 하우데노사우니족이 살았던 땅에 세워진 중간 크기의 도시예요. 수업 시간에는 여러 부족을 배우고 있었어요. 오늘날 시러큐스 땅에서 농사지으며 살았던 오논다가 부족도 그 가운데 하나였어요. 선생님은 오논다가 부족이 어떤 역사와 문화가 있는 부족인지 알려 주지 않았어요. 배운 내용이라고는 부족이 오래전에 어떻게 살았는지와 오논다가 부족의 지도자 하이어워사(Hiawatha), 원주민이 돈으로 쓰던 조가비 구슬이 다 였지요. 오논다가 부족은 오로지 역사에 있었다가 사라진 작은 원주민 부족으로만 배웠어요. 오늘날까지 남아 있는 오논다가 부족 출신인 사람을 교실로 초대해 직접 이야기를 들려준다거나, 사진을 보여 준다거나, 지역 토착민 출신 작가나 예술가, 운동가가 쓴 글이나 기사를 읽어 준 적은 단 한 번도 없었어요. 이처럼 오늘날 미국의 수많은 학생은 아메리카 원주민이 역사에만 있었던 존재라고 믿었어요.

저항하고 성취해 낸 사람들의 이야기가 역사책에서 빠져 있거나 지배 문화의 시각으로만 전해진다면 역사를 보는 눈과 목소리를 잃을 수 있어요. 또 억압하는 자들이 다듬어 놓은 이야기만 기억할지도 몰라요.

오래전, 흑표범당(Black Panther Party, 흑인의 권리를 주장한 정치 단체)은 아이들을 위해 무료로 아침 식사를 제공하는 프로그램을 만든 단체였어요. 미국의 수많은 지역과 학교에서 지금도 흑표범당이 만든 이 프로그램을 실천하고 있어요.

어떤 사람들은 자극적이고 한쪽으로 치우친 신문의 기사 제목으로만 흑표범당을 판단하기도 했어요. 흑표범당의

회사 내 엄격한 복장 규정

구조적 인종주의

제도적 인종주의

하나의 사랑

사람들이 잡혀 가는 사진만 보고 사회에 해를 입히는 폭력 단체라고 딱 잘라 생각하기도 했고요. 판단하는 대상이 어떤 사람들인지, 누구를 위해 어떤 목표로 활동하는지, 왜 저항하는지 알아야 진실에 더 가까워질 수 있어요. 그들이 전하는 깊은 이야기를 제대로 듣지 못했거나 치우친 생각으로만 본다면 사람들은 제대로 알지 못할 거예요.

기관은 무엇일까요?

기관에는 정부, 언론, 기업, 주거, 금융, 법률 교육, 의료 등이 있어요. 사람들이 모여서 이루어진 기관에서는 사회에 필요한 법과 정책, 규칙 등을 만들어요. 인종주의라는 단단한 틀을 세우려는 사람들과 기관이 손잡으면 어떤 집단에 더 많은 기회를 주려고 평등하지 못한 정책과 규칙을 만들기도 해요. 그렇다면 인종주의는 기관에서 어떻게 뿌리내리는 걸까요? 몇 가지 예를 볼게요.

기업

직장에서 차별은 분명한 불법이에요. 그럼에도 **차별**은 끊임없이 일어나고 있어요. 최근 연구에 따르면 **BIPoC** 가운데 평균 24%(이탈리아에서는 44%)가 직장에서 인종 차별을 경험했다고 해요.[6] 연구에 참여한 응답자들이 말한 차별 이유로 피부색, 외모, 말투, 출생 국가 등이 있었어요.

미국에서는 기업에서 직원들의 복장을 정할 수 있어요. 입을 수 있는 옷의 종류, 눈에 띄는 문신이나 피어싱, 하고 다닐 수 있는 헤어스타일 등에 아주 까다로운 규칙을 정할 수 있지요. 기업의 사장이 정한 헤어스타일 규정에 따르지 않는 사람은 그만두라고 권유를 받거나 권유마저도 없이 쫓겨나기도 해요.

기업은 공민권법(미국에서 흑인 인종 차별을 없애려고 1950~1960년대에 만든 법률)에 따라 인종에 따른 차이를 받아들여야 해요. 그럼에도 어떤 기업은 지금도 합법적으로 인종을 겨냥해 레게 머리(사실 이건 반흑인 정책이에요)나 그 외의 스타일을 금지하기도 해요. 미 해군에서 2018년까지 금지한 레게 머리, 땋은 머리, 상투 머리 세 가지 모두 흑인 여성과 제3의 성을 가진 **펨**(femme)이 주로 하는 헤어스타일이에요. 영국에서도 인종 차이를 조금도 신경 쓰지 않은 채 기업에서 원하는 대로 복장 규정을 정할 수 있어요.

주거

영국 런던에서 가장 잘사는 켄싱턴과 첼시는 주민끼리 소득 차이가 가장 큰 지역이에요. 집값이 가장 비싼 지역이기도 한 이곳에서 가난한 노동자 계층이 살 수 있는 집은 24층짜리 공영 아파트인 그렌펠 타워뿐이었어요. 그런데 길 건너편의 주택에 사는 사람들은 그렌펠 타워와 달리 깨끗하고 안전한 환경이 갖춰진 곳에서 살고 있었어요. 이에 그렌펠 타워의 주민들은 좋지 못한 주거 환경과 건물을 짓는 데 쓰이는 값싸고 질 나쁜 자재를 바꾸어 달라고 했지만 계속 무시당했어요. 아무도 주민들이 말하는 불만을 귀담아듣지 않았지요.

2017년 6월 14일, 마침내 일이 터졌어요. 타워 안에 있던 고장 난 냉동고가 원인이 되어 건물 4층에서 화재가 발생한 거예요. 주민들은 화재 경보음을 듣지 못했어요. 그렌펠 타워에는 화재경보기가 하나도 없었거든요. 게다가 127가구에 사는 350명은 자기 집에서 난 불이 아니라면 꼼짝하지 말고 가만히 있으라는 안내를 받았어요.

타워는 순식간에 불길에 휩싸였지만 많은 주민은 피하지도 못한 채 계속 안에 갇혀 있었어요. 이 사건은 어떻게 끝을 맺었을까요? 대부분 BIPoC와 빈곤한 사람들이었던 72명이 끝내 목숨을 잃어야 했어요.[7] 사디크 칸(Sadiq Khan) 런던 시장은 비극을 대하는 정부의 성의 없는 자세를 비난했어요.[8] 임란 칸(Imran Khan) QC 변호사는 안전 규정에 스며 있던 제도적 인종주의를 제대로 살펴 수사하지 않았다고 주장했지요.[9]

주거 차별은 영국만의 문제가 아닌 세계적인 문제예요. 미국의 필라델피아에서는 대출을 받는 흑인이 백인의 3분의 1 수준이에요.[10] 백인의 69%가 주택이 있지만 주택이 있는 흑인은 44%밖에 되지 않아요. 게다가 집이 있는 흑인마저 10년 넘게 줄어들고 있어요.[11] 미시간주 플린트는 미국에서 BIPoC 주민의 비율이 가장 높은 지역이에요. 이곳에 사는 사람들은 2014년 4월부터 깨끗하고 안전한 식수를 마시지 못하고 있어요.[12] 미시간 시장은 플린트 지역에 있는 가구에 깨끗한 식수 공급이 계속 늦어지는 이유로 '인종과 계층'을 꼽았어요.[13]

정부와 사법

1948년, 남아프리카공화국에서는 백인 식민주의자들로 이루어진 국민당이 정권을 잡고 있었어요. 이 정부는 1948년부터 1990년대까지 이어진 아파르트헤이트(Apartheid) 제도를 실시했어요. 아파르트헤이트는 모든 사람을 백인, 흑인, 유색인, 인도인 등으로 나누어 결혼부터 출입할 수 있는 곳, 사는 곳 등을 구분한 잘못된 법이에요. 이는 백인이 계속 권력을 누리게 하려는 목적이 있는 제도였어요.

인종을 이유로 목숨을 빼앗긴 스티븐 로런스(Stephen Lawrence)의 이야기를 아나요? 8챕터에서 스티븐 로런스의 끔찍한 사건을 통해 영국의 사법이 인종 차별을 바탕으로 어떻게 권력을 휘둘렀는지 자세히 알아볼게요. 스티븐의 목숨을 앗은 살인자에게 유죄를 선고하기까지 19년이라는 세월이 걸렸어요. 그나마 공격에 함께한 5명 가운데 2명만 유죄를 선고받았어요. 런던 경찰청을 대상으로 조사한 결과 '제도적 인종주의'를 옹호한다는 결과가 나왔어요.[14]

교육

미국에 있는 공립 학교 교사 가운데 글로벌 다수자의 비율은 20%가 채 안 되지만 학생의 비율은 50%가 넘어요.[15] 놀랍게도 예의 없다는 이유로 흑인과 황인 학생들을 부당하게 대하는 교사가 아직까지 있다는 사실이에요.[16] 또 학생들에게 있는 그대로의 자연스러운 헤어스타일을 할 수 없게 하는 교칙과 문화를 반영하지 않은 교육, 백인이 훨씬 더 많은 교사 비율이 BIPoC 학생들의 교육 환경을 계속 바뀌지 못하게 하는지도 몰라요.

흑인, 황인, 토착민, 이중 인종, 복합 인종이 섞인 아이들이 학교에서 경찰에게 잡혀 가는 경우는 백인 아이들보다 2배 더 많아요. 학생들은 주로 '풍기문란죄'로 체포되곤 해요. 수업 시간에 공개적으로 자기 의견을 거듭 말하거나 핸드폰을 제출하지 않거나 다른 학생과 벌이는 몸싸움처럼 '정상적인' 수업을 방해하는 일은 무엇이든 풍기문란죄가 될 수 있어요.

명문 대학의 입학자 비율에서도 이런 부분이 있어요. 2017년 신입생에서 글로벌 다수자의 비율이 케임브리지 대학교는 1.5%, 옥스퍼드 대학교는 1.2%밖에 되지 않았어요.[17] 미국의 명문 대학 입학자의 비율은 훨씬 높지만 여전히 황인과 흑인, 라틴계 학생의 비율이 백인보다 낮은 것은 마찬가지예요.[18]

의료

영국과 미국은 의료 부분에서 뿌리내린 인종주의의 역사가 깊어요. 노예를 대상으로 윤리적이지 않은 실험이 이루어졌고 시민권이 없는 이민자는 의료 혜택을 주지 않았기 때문이에요.[19]

의사들이 저마다 가진 편견과 흑인, 황인, 토착민을 향한 **억압**의 역사는 의료진에게 깊은 불신을 일으켰어요. 그 결과 BIPoC의 기대 수명 또한 낮췄어요.[20] 미국에 있는 의사 가운데 흑인의 비율은 4%, 라틴계는 6% 정도예요.[21]

백인과 비흑인계 의사들은 환자를 대할 때 그들도 모르게 자리 잡힌 편견에 영향을 받아 진료하기도 해요.[22] 연구에 따르면 흔한 편견 가운데 하나가 흑인이나 황인이 고통에 내성이 있다고 여겨, 도와 달라는 이들의 말을 믿지 않는다는 거예요.[23] 또 어떤 의사들에게는 BIPoC를 고통받는 환자로 존중하기보다는 훈계하려는 경향도 있었어요.[24, 25] 이는 환자들에게 **내면화**된 열등감을 심어, 환자들이 의료 전문가에게 도움을 구하지 않는 결과로 이어질 수도 있어요.

BIPoC 환자들은 같은 병으로 치료받는 백인과 비교했을 때 부당한 진료를 받기도 했어요. 편견을 깨닫고 고치려는 교육과 노력이 이루어지지 않는다면 글로벌 다수자의 기대 수명은 앞으로도 높아지지 않을 거예요.

기억하세요.
기관과 제도에 뿌리내린 인종주의를 유지할지,
바꿀지는 사람들의 손에 달려 있어요.

활동하기

누가 **권력**을 가졌는지 생각해 보세요.

여러분의 학교 교장 선생님은 누구인가요?

여러분 나라의 대통령이나 국무총리는 누구인가요?

누가 가장 큰 기업을 이끌어 가나요?

누가 여러분을 가르치나요?

여러분이 읽는 책의 저자는 누구인가요?

여러분이 잡지나 뉴스에서 많이 보는 연예인은 누구인가요?

여러분이 읽는 뉴스는 누가 작성하나요?

이 사람들의 인종은 각각 무엇인가요?

이 사람들이 지배 문화를 대표하나요?

이 사람들은 지배 문화에 있는 사람들인가요?

그렇지 않다면 지배 문화의 기준을 지지하는 사람들인가요?

닫힌 눈 열기

우리가 사는
세상을
느껴요.

닫힌 눈 열기

06

선입견은 개인적인 것

학창 시절에 내가 겪었던 특별한 경험을 들려줄게요. 나의 반에는 백인인 두 아들을 자랑스러워하는 선생님이 담임을 맡았어요. 선생님은 언제나 두 아들의 이야기를 즐겨하셨어요. 아들들이 학교에서 참여한 체험 학습이나 특별 활동이 우리에게 시시콜콜 이야기하는 주제였어요. 우리 학교에는 없는 활동들이었지요.

선생님의 가족은 도시의 외곽 지역에 살았고 선생님의 아들들이 다니는 학교는 부유한 곳이었어요. 그 학교의 선생님들은 학생들과 같은 백인이어서인지 학생들을 아꼈어요. 이와 달리 선생님은 우리를 아끼지 않았어요. 대부분 흑인과 황인이었기 때문이에요.

백인 여성이었던 선생님은 지배 문화의 기준을 바탕으로 자신이 가진 편견을 우리에게 거침없이 나타냈어요.

교실 분위기만큼은 따스했어요. 책상은 4명씩 모여 앉도록 놓여 있었고 창문으로는 햇빛이 쏟아져 들어왔어요. 교실 뒤편에 선생님과 아이들이 함께 책을 읽을 수 있는 공간이 있었어요. 바닥에 깔린 담요를 중심으로 주황색 의자가 반원 모양으로 놓여 있었어요. 선생님은 그곳에서 날마다 우리에게 책을 읽어 줬어요. 내가 가장 좋아한 책은 《선생님은 외계인(My Teacher is an Alien)》이었어요.

선생님은 책을 읽어 주실 때나, 수업을 하실 때나 변함없이 우리에게 무서운 존재였어요. 우리에게는 아무런 힘이 없다는 생각, 인간의 가치에 우열이 있다는 생각을 크고 작은 행동들로 계속 심어 줬거든요.

한번은 오전 내내 반 친구가 화장실에 갈 수 있도록 허락해 주지 않았어요. 대각선 방향으로 맞은편에 앉았던 그 친구는 여러 번 손을 들며 화장실에 가고 싶다고 말했지만 선생님은 못 본 체했어요. 결국 친구에게는 바지뿐만 아니라 책상까지 적시는 사고가 벌어지고 말았어요. 선생님은 그 친구를 달래 주지도 당황하는 감정을 공감해 주지도 않았어요. 오히려 크게 혼냈지요. 반에서 유일한 '라틴계 남학생'이었던 친구는 아무것도 잘못하지 않았는데도 말이에요.

선생님은 그 친구에게 망신을 주는 방법으로 자신에게 있는 권력을 이용해 행동으로 보여 줬어요. 화장실에 갈 수 있는지는 우리가 아니라, 선생님의 허락에 달려 있었지요. 선생님의 이런 말과 행동은 그 학생이 하찮은 존재라는 생각을 심어 줬어요. 이를 통해 선생님은 우리를 아끼지 않는다는 사실을 알 수 있었고요.

반 친구들이 보는 앞에서 흑인 학생을 혼낸 적도 있어요. 선생님이 잘못 말한 부분을 집어서 올바르게 이야기했다는 이유로요. 그 친구는 선생님이 철자를 틀릴 때마다 종종 바로잡곤 했어요. 나도 선생님에게 아시아(Asia)에 a가 세 번이 아니라 두 번 들어간다고 말한 적이 있었어요. 선생님은 버럭 화내면서 그 친구를 동물 이름으로 불렀고 '흑인, 아프리카계'라는 말까지 덧붙였어요. 노발대발하며 말해서인지 아주 험악하게 들렸어요.

선생님은 우리 앞에서 그 친구를 다가갈 수 없는 두려운 존재로 만들려고 애썼어요. 선생님의 말에는 언제나 흑인에게 문제가 있다는 뜻이 담겨 있었거든요. 우리가 그 친구에게 도움을 주거나 신경 쓰지 못하게 하려는 생각은 아니었을까요?

선생님은 갖고 있는 선입견을 명백히 드러냈어요. 게다가 권력도 있었지요. 그 사실을 누구나 보고 듣고 느낄 수 있었어요. 말로 정확히 표현할 수도 있었어요.

선생님은 흑인 아이들과 황인 아이들을 좋아하지 않았어요. 우리가 다니는 학교도 좋아하지 않았어요. 그 선생님은 학교에 왜 있었을까요? 학교에서는 왜 받아 줬을까요? 아홉 살 내지 열 살짜리 아이들에게 그토록 불친절하고 부당하게 대하는 데도 왜 다른 어른들은 아무도 신경 쓰지 않았을까요? 그 선생님의 교실에 있을 때면 힘이 빠지고 두려웠어요. 선생님은 날마다 좋지 못한 방법으로 자신의 인종주의 신념을 우리에게 드러냈거든요.

인종으로 누군가를 차별하고 있는지 쉽게 알아차릴 만큼 드러나는 말과 행동이 있는가 하면, 명확하게 드러나지 않는 말과 행동도 있어요. 듣고 보는 순간에 바로 눈치채지 못하기도 해요.

아주 오래전부터 백인들은 나를 보면 "넌 뭐야?"라고 묻곤 했어요. 어떤 때는 "아니, 그러니까 넌 뭐냐고?"라고 다시 묻기도 했지요. 지금까지 그 질문을 받을 때마다 다양한 방법으로 답해 줬어요. 나는 티파니예요. 나는 사람이에요. 나는 여자예요. 나는 흑인이에요. 나는 이중 인종이에요. 어렸을 때는 뭐라고 답해야 할지 몰라 어리둥절했어요.

왜 그런 질문을 받는지 몰랐으니까요. 상대방이 던지는 무엇이냐는 간단한 물음에 지배 문화에 있는 사람들이 하위문화에 있는 사람에게 하는 보이지 않는 차별이 있을 수 있어요. 내 인종이 드러나지 않다 보니 나를 정확하게 구분하려고 물어봐야 했던 거예요. 내가 자기들과 '같은 부류'인지 알기 위해 말이에요. 심지어 내 인종이 무엇인지 맞히는 게임을 만든 친구도 있었어요. 인종은 심심풀이로 즐기는 게임이 아니에요. 우리 삶의 일부예요.

보이지 않는 차별

보이지 않는 차별은 가볍든 무겁든 지배 문화에 있지 않은 사람들에게 보내는 좋지 않은 메시지예요. 보이지 않는 차별은 언제, 어디서나 일어날 수 있어요. 이를테면 런던에 사는 아시아계 영국인에게 **"어디서 태어났어요?"** 라고 물어본다고 해 볼게요. 이는 말로 은근히 차별했다고 볼 수 있어요.

행동으로 차별하는 예로는 길을 걷다가 흑인을 보고 반대편으로 건너간다거나 상점 주인이 황인 고객은 무시하고 백인만 맞아들이는 경우를 들 수 있어요. 아무리 보잘것없어 보일지라도 차별은 누군가에게 상처가 될 수 있어요.

우리 안에 자리 잡힌 인종주의

차별을 되풀이해서 경험하면 상처가 계속 쌓이면서 낮은 자존감, 우울증, 건강이 나빠지는 상황이 이어지다가 잘못된 고정 관념을 진짜라고 생각해요. 인종주의가 자리 잡히면 스스로 열등하다고 믿고 자신의 인종을 둘러싼 잘못된 이미지에 따라 행동해요. 심지어 자신의 민족이나 문화유산을 부정하기도 해요.

개인적 인종주의

개인이 갖는 인종주의는 인종을 차별하는 법과 정책을 만들고 선입견을 감싸주는 기관에 힘을 실어 줘요. 한 사람의 선입견이 낳은 행동은 2012년에 17세

06 닫힌 눈 열기 · 선입견은 개인적인 것

흑인 소년 트레이본 마틴(Trayvon Martin)을 죽음으로 몰아넣었어요. 조지 짐머먼(George Zimmerman)은 흑인 남성을 향한 잘못된 두려움과 마음속에 뿌리내린 인종 우월성으로 10대 트레이본에게 '위협'을 느낀 이유를 정당화했어요. 트레이본은 상점에서 물건을 사고 아버지의 집으로 가고 있었어요. 비가 내려서 후드를 머리에 쓴 채 손에는 스키틀즈 한 봉지와 아이스티 한 캔을 들고 있었지요.

트레이본 마틴

짐머먼은 후드를 쓴 채 어디론가 향하는 트레이본에게서 수상함을 느끼고 경찰에 신고한 뒤 제멋대로 추격해 목숨을 앗아 갔어요. 다 큰 어른이었지만 어린 트레이본을 확실한 근거 없이 위협적인 존재로 여겼어요. 트레이본을 총으로 쏴 죽였지만 플로리다주의 **'정당방위법'** 덕분에 그는 무죄를 선고받았어요.26 차에 타고 있던 짐머먼, 아버지의 집으로 걸어가던 트레이본. 이런 상황에서 짐머먼은 자기 방어를 주장했어요. 플로리다에서는 자신을 지킬 수 있다는 권리를 내세우면 체포 대상에서 제외될 수 있어요. 사람들에게 뿌리내린 잘못된 편견과 인종주의는 차별 대상을 가벼이 여기고 심각한 문제를 일으켜요. 따라서 글로벌 다수자가 받는 인종 억압이든 백인이나 백인에 가까운 유색 인종에게 있는 우월성이든 무엇이 마음에 있든, 여러분은 편견을 깨닫고 거기에 의문을 가져야 해요.

활동하기

보이지 않는 차별을 적을 수 있는 공책을 챙기세요.
하루 이상 가지고 다니세요.

여러분 주변에서 보이거나 들리는
보이지 않는 차별이 있는지 찾아보세요.

공책에 상황을 잘 관찰한 뒤
간단히 내용을 적어 보세요.

누구를 대상으로 하는지, 누가 그러한 말과
행동을 하는지 주의 깊게 살펴보세요.

며칠 뒤 관찰 내용을 적은 공책을 다시 펼쳐 보세요.
공책에 쓰인 말과 행동이 당한 사람이나 집단에
어떤 영향을 미치는지 생각해 보세요.

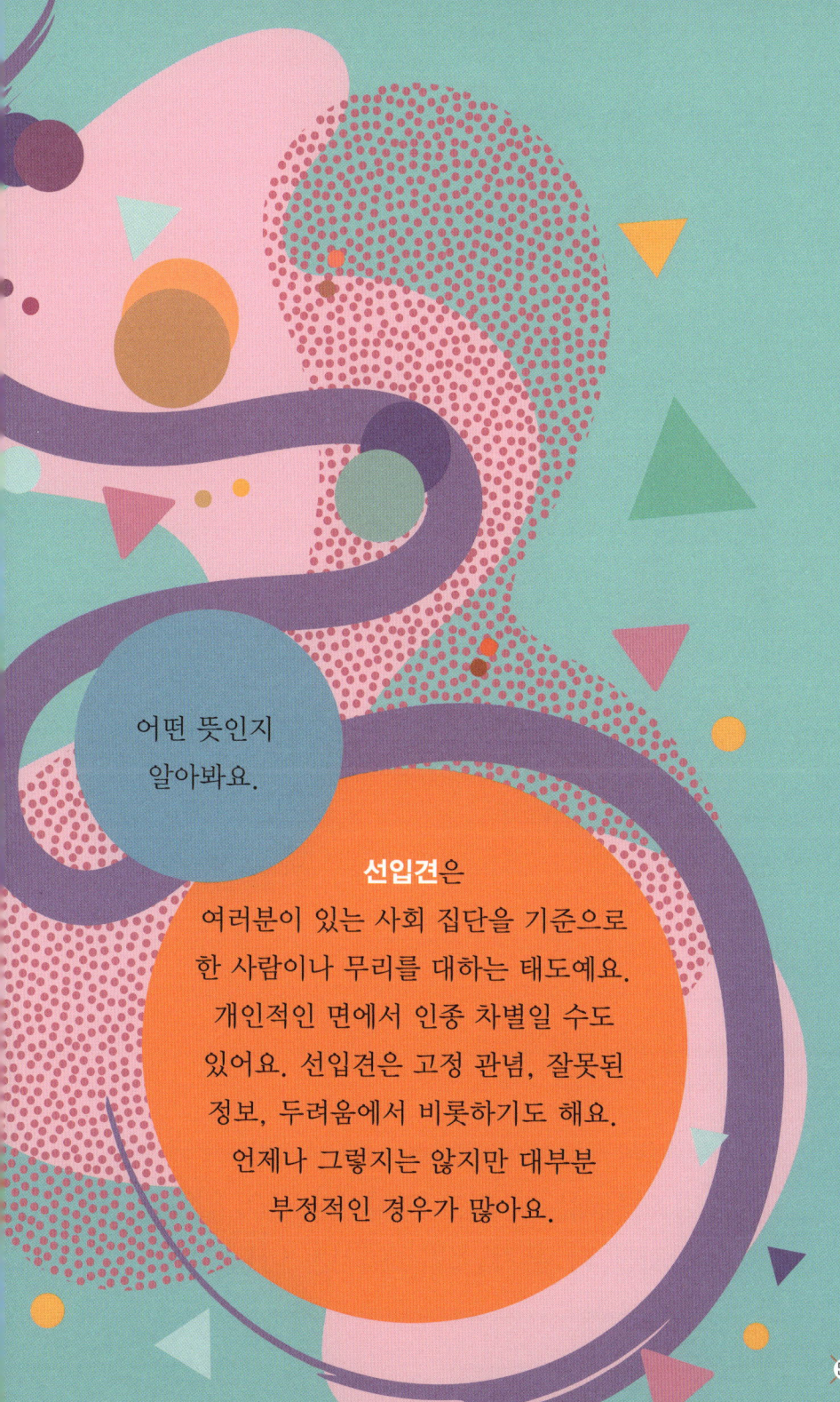

어떤 뜻인지 알아봐요.

선입견은
여러분이 있는 사회 집단을 기준으로 한 사람이나 무리를 대하는 태도예요. 개인적인 면에서 인종 차별일 수도 있어요. 선입견은 고정 관념, 잘못된 정보, 두려움에서 비롯하기도 해요. 언제나 그렇지는 않지만 대부분 부정적인 경우가 많아요.

닫힌 눈 열기

07

사람들과 함께해 온 역사

"역사는 우리 안에 있어요. 우리가 바로 역사입니다."
— 제임스 볼드윈(James Baldwin)

사람들이 함께 이루어 온 역사에는 어떤 이야기들이 있을까요? 다음에서 나를 있게 한 사람들의 이야기를 들려줄게요.

나는 뉴욕주의 중부에 있는 도시 시러큐스 남쪽에서 어머니, 언니와 함께 살았어요. 아버지의 차에 탈 때는 티나 터너(Tina Turner)의 노래를 즐겨 들었어요. 방과 후 조부모님 댁에 가면 네모난 캐드버리 초콜릿과 밀크티가 나를 기다리고 있었어요. 어머니와 삼촌들이 학교에 다닐 때 썼던 낡은 교과서로 공부했어요. 친사촌들이 누군지 몰랐고 삼촌들과 고모들의 얼굴도 잊어버렸어요. 도서관에서 책을 잔뜩 빌린 날은 집까지 낑낑대며 걸어왔어요. 태어나 처음으로 어른 없이 혼자 학교에서 집까지 걸어간 적도 있어요. 방과 후에는 스케이트를 탔고 늦은 시간까지 학교 뮤지컬 안무를 연습하기도 했어요. 교수님이 영화 〈델마와 루이스(Thelma and Louise)〉로 강의 주제를 바꿔서 《맬컴 엑스의 자서전(Autobiography of Malcolm X)》 책을 혼자 읽었어요. 나의 역사가 담긴 이 이야기 모두는 끝없이 계속 이어지며 오늘날의 나를 만들어 줘요.

**나의 역사에는 수많은 이야기가 들어 있어요.
하지만 나 혼자만의 이야기는 아니에요.**

나의 역사는 아주 오래전으로 거슬러 올라가요. 프랑스에서 영국으로 넘어가면서 우리 가족의 성은 영어식으로 바뀌었어요. 어머니는 엄청나게 큰 배를 타고 바다를 건너 영국에서 뉴욕으로 왔어요. 뉴욕에서 학교를 다니면서 원래 말투를 잃어버렸다고 했어요. 아버지는 베트남 전쟁에 참전했고요. 그리고 교통사고를 당해 병원에서 의식을 잃은 채 오랜 시간 누워 계셨어요. 내 이름에서 '주엘(Jewell)'이라는 성은 어디서 왔는지 알 수 없어요.

이처럼 나의 역사는 내가 태어나기 전으로 거슬러 올라가 시작해요. 내가 이미 아는 이야기나 간절히 알고 싶은 이야기가 생기기 전부터 있었어요. 이렇게 나의 역사는 수백 년 전에 시작했어요. 여러분의 역사도 오랜 이야기를 간직하며 오늘날의 여러분을 있게 했답니다.

역사 속 식민지가 남긴 차별의 흔적

1640년, 버지니아 농장에서 어렵게 탈출한 세 사람이 있었어요. 그들은 각각 존 그레고리(John Gregory), 성은 없이 이름만 빅터(Victor), 존 펀치(John Punch)라고 불리는 이들이었지요. 앞에 2명은 유럽계 백인, 존 펀치는 아프리카계 흑인이었어요. 이들은 농장주와 계약을 맺은 하인이었지만 노예처럼 고된 일을 해야 했어요.

도망친 이들 3명은 메릴랜드에서 붙잡혀 버지니아에 있는 주인에게로 보내졌어요. 그리고 도망친 벌로 채찍을 30대 맞아야 했어요. 유럽인 2명에게는 노예살이 1년이 벌로 내려졌지만 존 펀치에게만은 평생 주인의 노예로 남으라는 벌이 내려졌어요. 인종이 법원의 판결을 정한 것이었어요.

"존 펀치라는 이름을 가진 검둥이 하인은 자신에게 주어진 생이 다할 때까지 주인을 섬기도록 한다."

존 펀치는 인종 때문에 노예 선고를 받은 최초의 흑인이에요.

식민지화

사람들이 함께 만들어 온 역사에 **식민지 개척자**와 식민지라는 비극적인 흔적도 있어요. 힘과 자원을 가진 집단이 다른 집단을 지배하는 것을 '식민지화'라고 해요. 식민지화는 잔인한 폭력과 조종이 함께 이루어지곤 해요. 식민지 개척자는 다스리는 땅을 통해 세력을 넓혀 왔어요. 식민지가 된 장소에 살던 사람들은 식민지 개척자에게 자유를 빼앗기고 다스림을 받는 이들이 되고 말았지요.

영국은 여러 시대에 걸쳐 전 세계의 많은 지역을 식민지로 만들었어요. 인도, 자메이카, 소말리아, 가나, 미국, 버마(미얀마의 과거 이름), 캐나다, 포클랜드제도, 파키스탄, 남아프리카공화국, 짐바브웨, 이집트, 바레인, 카타르, 호주, 싱가포르, 홍콩, 몰타, 뉴질랜드 등이 영국의 대표적인 식민지예요. 영국은 토착민이 사는 땅에 자리를 잡고 자원과 노동력을 빼앗았어요. 식민지를 만든 나라는 영국 외에도 유럽에 여러 나라가 있어요.

덴마크는 가나의 영토 일부와 그린란드를 지배했어요. 프랑스는 아이티, 차드, 콩고공화국, 말리, 세네갈, 캄보디아, 라오스, 베트남 등을 식민지로 만들었어요. 스페인은 필리핀, 괌, 코스타리카, 엘살바도르, 파라과이, 콜롬비아 등을 지배했어요. 이외에도 아주 많아요.

프랑스의 역사에는 1685년에 루이 14세가 만든 '코드 누아르(Code Noir)'라는 식민지 노예의 조건을 정해 둔 법이 있었어요. 이는 노예에게서 권리를 없애는 법이에요. 누군가의 재산인 노예는 자유롭지 못했고 사고팔 수 있었으며 대대로 물려줄 수 있었어요. 또 재산을 가질 수 없었고 노예의 증언은 법정에서 아무런 힘조차 없었어요. 따라서 노예가 유죄 판결을 받을 수는 있어도 범죄에서 피해자가 된다 해도 정의로운 판결을 기대할 수 없었어요. '코드 누아르'에 따르면 노예 신분은 대대로 이어지며 고통을 주었어요. 백인 주인의 아이라도 노예 어머니에게서 태어나면 자유롭지 못한 노예가 되어야 했어요.

유럽에서 온 백인들은 토착민, 흑인, 황인이 오랫동안 살아온 삶의 터전을 빼앗고 대부분 식민지로 만들었어요. 식민지화로 터전을 빼앗긴 사람들은 어떻게 됐을까요? 자신의 가족, 언어, 땅과 멀어진 채 강제로 다른 문화를 받아들여야 했어요. 식민 통치로 생긴 좋지 않은 영향은 사라지지 않았고 회복에 오랜 시간이 걸리고 있어요. 동시에 나라와 나라 사이에서도 화해의 움직임이 오늘날까지 이어지고 있고요.

문명을 개척하던 시절에 닥치는 대로 벌인 농사, 건축, 나무 베기로 망가진 환경도 마찬가지예요. 식민지 개척자들은 강제로 얻은 노동력으로 금에서부터 소금, 다이아몬드, 석유에 이르기까지 자원을 마구 빼앗고 환경을 망가트렸어요.

시간이 흐른 뒤에도 식민 통치의 상처는 완전히 사라지지 않았어요. 간신히 주권을 찾아 다른 나라에게 지배를 받지 않더라도 그 나라에 풍부했던 천연자원은 온데간데없이 거칠고 메마른 땅만 남았기 때문이에요.

오늘날에는 식민지 개척자와 식민지 사이의 관계가 옛날과 다른 모습을 하고 있어요. 식민 지배를 받았던 사람들은 자신들에게서 자원과 부를 앗은 사람들과 나라들에게 생존에 필요한 도움을 받아야 하는 상황에 이르렀어요. 이러한 관계를 '백인 구원주의'라고 부를 수 있어요. 식민지 개척자였던 나라는 빼앗은 권리를 빼앗긴 나라에게 돌려준 뒤에도 가진 특권을 여전히 가지고 있어요. 그들은 식민지로 삼았던 나라에서 얻은 자원과 부로 특권을 계속 가지면서도 억압받는 나라에게 선의를 베풀어 구원해 줄 수 있다고 믿어요.

식민지화로 발전한 대서양의 노예 무역은 아프리카계 흑인 가정에 엄청난 불행을 불러왔어요. 식민지 시대가 끝나고 수백 년이 지난 지금까지도 그들은 **노예제**라는 **조상 트라우마**에서 완전히 회복하지 못하고 있어요. 사람들은 피부색과 사는 곳의 지리 환경에 따라 모습에 차이가 있어요. 이는 우열을 정하는 기준이 아니에요. 그럼에도 노예제는 인간의 우열을 정한다는 근거 없는 과학을 내세워 흑인과 황인을 억눌러 다스리는 이유가 되어 주었어요.

노예제가 사라진 뒤에도 사람들에게는 BIPoC를 향한 '**체계적인** 억압'이라는 유산이 남았어요. 오늘날 학교는 인종 분리를 법으로 정해 놓은 시절보다도 더 분리된 곳이기도 해요.

도시의 건축가들은 나라의 기관과 은행의 후원을 받아 사회의 환경과 시설을 의도적으로 나누어 짓고 있고요. 이는 백인보다 흑인, 황인, 라틴계 사람이 높은 비율로 집이나 병원 등에서 혜택을 받지 못하는 사실로 알 수 있어요. 백인 중산층 가정이 유색 피부의 중산층 가정보다 41배 더 부유하다는 결과로 알 수 있어요.[27]

옛날부터 있었던 노예화가 깊이 뿌리내린 사회에서 우리는 인종을 차별하는 모습을 곳곳에서, 날마다 마주하며 살고 있어요.

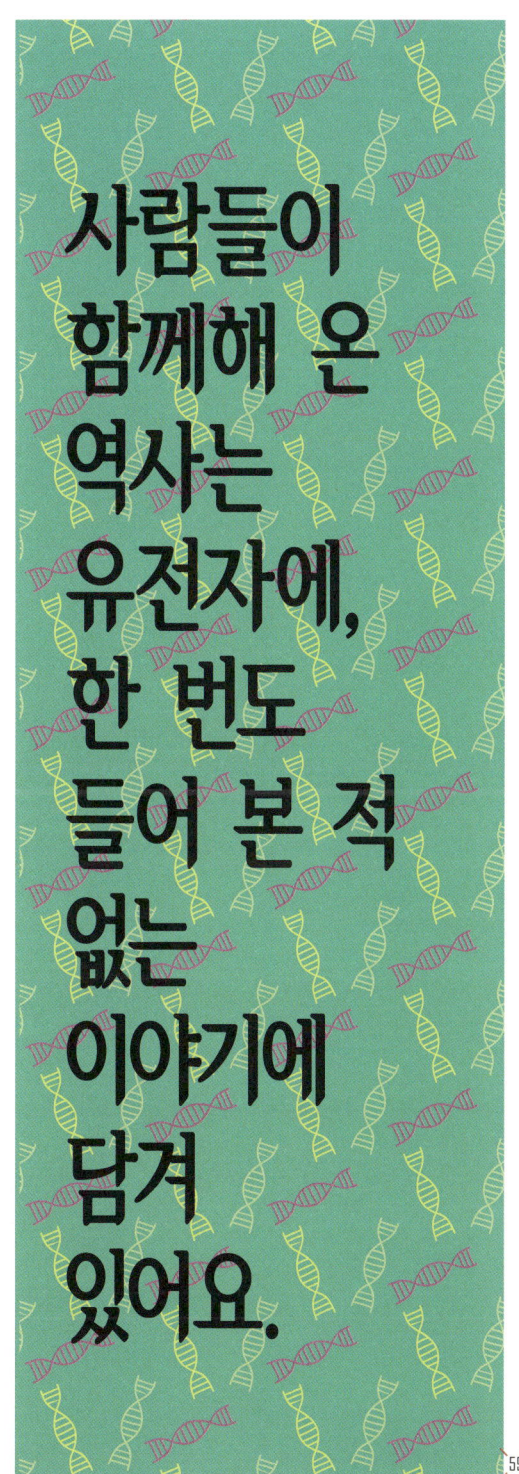

사람들이 함께해 온 역사는 유전자에, 한 번도 들어 본 적 없는 이야기에 담겨 있어요.

활동하기

잠시 생각하는 시간을 가진 다음,
여러분의 역사를 적어 보세요.

여러분의 역사는 무엇인가요?
여러분은 어디 출신인가요? 어떤 삶의 이야기가
오늘날의 여러분을 만들어 줬나요?

여러분 가족의 역사는 무엇인가요? 여러분이 항상
듣는 이야기는 무엇인가요? 여러분이 잘 모르거나
더 알고 싶은 이야기는 무엇인가요?

여러분이 만들어 온 역사를 적어 보세요!

여행

모험

2000

새로운 친구들   가족 모임

닫힌 눈 열기

08

사람들의 역사 바로 알기

인종주의는 전 세계 어디에나 있어요. 아주 오랜 세월 동안 역사의 한 부분으로 있었고 지금까지 이어지고 있어요.

1860년, 미국에는 인디언 기숙 학교가 생겼어요. 이 학교는 토착민이 '미국 문화'에 **동화되도록** 하려는 목적으로 세워졌지요.

정부 기관인 인디언 사무국은 야카마 인디언 보호 구역에 최초의 학교를 세웠어요. 이 학교에서는 이후에도 '문명화'를 앞세워 인디언 아이들에게 지배 문화의 가치와 개신교를 가르쳤어요. 이후에도 6000명이 넘는 토착민 청소년은 정부에서 세운 60개의 학교에서 백인의 방식을 '배워야' 했어요.

1893년에는 토착민 청소년을 의무적으로 가르쳐야 한다는 법이 정해졌어요. 경찰과 공무원은 권력을 내세워 원주민 가정에서 아이들을 강제로 데려갔어요. 원주민 사회에서 이에 저항하자 식량과 자원을 끊기에 이르렀고요.

정부는 원주민의 아이들이 자기 문화에서 벗어나 완전히 동화되려면 학교를 보호 구역 밖에 지어 부족의 영향을 완전히 막아야 한다고 믿었어요. 그 결과

1879년에 칼라일 인디언 학교가 세워졌답니다. 학교를 세운 리처드 헨리 프랫(Richard Henry Pratt) 대령은 25년 동안 교장으로 일했어요. 그는 "인디언을 죽여서 사람을 구하라."라고 말한 사람으로 유명해요.²⁸ 학교를 지은 목적에 맞게 아이들은 보호 구역에 있는 집과 가족에게서 완전히 떨어져 지내야 했어요. 이는 아이들이 지배 문화를 받아들이려면 백인 사회에 온전히 녹아들어야 한다는 잘못된 믿음 때문이었지요.

이 학교에서 여학생들은 주로 요리와 청소, 바느질을 배웠고 남학생들은 농사일과 대장일을 배웠어요. 많은 학생이 공부하는 환경은 아주 나빴답니다. 작은 실수에도 음식을 받지 못하는 벌을 받았고 지역의 가사 노동도 강제로 해야 했어요. 물론 가족과 고향에서 멀리 떨어져 살아야 했고요.

1978년이 되어서야 비로소 원주민 가정은 자녀들의 교육 방식을 직접 선택할 수 있었어요. 또 자녀들과 보호 구역에서 함께 살 수 있는 권리를 얻었답니다. **1978년은 생각보다 그리 오래전 과거가 아니에요.**

앞서 이야기한 이 학교들은 호주와 뉴질랜드에서 기숙 학교의 모델이 되었어요. 1814년에 영국 정부에게 지원을 받은 호주의 교회에서 학교를 세웠어요. 토착민, 호주 원주민, 마오리족 아이들을 백인 사회에 맞추어 교육해 서비스직에서 일하게 하려는 목적이었지요. 이러한 기숙 학교들은 1980년대에 접어들어서야 완전히 사라졌어요. 그 당시 강제로 학교에 다녔던 아이들을 **'잃어버린 세대'**라고 해요.

토착민 아이들은 철저히 백인 사회에 맞춰진 교육을 받으면서 가족과 강제로 헤어져야 했어요. 여기에서 그치지 않고 아이들은 머리카락, 언어, 문화, 유산, 이름까지도 빼앗겨야 했지요.

영국 정부가 초대해 자메이카와 트리니다드토바고 등의 나라에서 온 노동자들을 '윈드러시 세대'라고 해요. 이들도 사람들이 만들어 왔지만 사라진 역사의 한 부분이에요. 카리브해의 영국 식민지 아이들이 'HMT 엠파이어 윈드러시호'라는 커다란 배를 타고 영국으로 넘어왔어요. 1948년부터 1971년까지 수천 명이 식민지에서 영국으로 넘어왔답니다. 자메이카, 바베이도스, 트리니다드토바고를 비롯해 여러 카리브해 나라에서 일자리를 구하러 왔어요. 영국 정부가 이들을 초대한 이유는 제2차 세계 대전이 끝나고 수년 동안 영국에서 일할 사람들이 부족했기 때문이에요.

1971년에 만들어진 이민법은 영국에 거주하는 모든 영연방 식민지의 시민들은 자신이 원할 때까지 정해진 기간 없이 살 수 있다고 분명하게 나타냈어요. 윈드러시 세대의 대부분은 부모의 여권으로 영국에 왔어요. 영국 시민권을 가졌다고 생각한 그들은 자신의 이름으로 된 서류와 여권이 없었어요.

1973년 1월부터 이민법이 엄격하게 달라지면서 상황이 달라졌어요. 그들이 영국에서 살 수 있다는 자격을 증명해야 했거든요. 고용주, 병원, 임대인, 경찰은 윈드러시 세대가 영국에 살 권리가 있는 사람인지 증명하는 서류를 확인하라고 안내받았어요. 증명 서류가 없는 사람들은 다른 나라로 쫓겨나야 했어요. 또 나라에서의 의료 혜택을 받지 못하거나 직장을 잃을 위기에 놓였어요.

법이 이토록 엄격해진 까닭은 영국으로 무작정 이주하려는 사람들을 막기 위해서였어요. 그 과정에서 윈드러시 세대는 고향에서 환영받지 못하는 존재라고도 여겨졌지요.[29]

08 닫힌 눈 열기·사람들의 역사 바로 알기

　1954년의 '브라운 대 교육위원회 판결'은 오늘날까지 큰 영향을 주는 특별한 판결이에요. 이 판결은 흑인 아이들도 백인 아이들과 똑같은 수업을 들을 수 있어야 한다는 내용이었어요. 대법원의 이 판결로 미국에 있는 학교와 기업, 기관에서 따르던 법이 뒤집혔어요. 판결 전까지는 흑인 및 백인을 '구분해' 시설을 운영하라는 법을 따르고 있었거든요.

　브라운 대 교육위원회 판결은 많은 사람에게 엄청난 승리로 여겨졌어요. 그 뒤로 학교 통합이 시작됐어요. 린다 브라운(Linda Brown)을 비롯해, 루비 브리지스(Ruby Bridges), 리틀록의 흑인 학생 9명이 백인 학교에 최초로 입학했어요. 그전까지 흑인 학생들은 흑인 교사들이 운영하는 흑인 학교에 다녔어요. 학교 시설과 수업 자료는 백인 아이들이 다니는 학교 수준에 한참 미치지 못했지요.

판결이 내려진 뒤로 곧 좋은 변화가 생기리라 생각했지만 현실은 달랐어요. 흑인 학생들이 새로운 학교에 들어간 순간부터 백인 학생과 학부모, 교사 모두에게서 온갖 괴롭힘과 위협을 받았거든요.

　교사들은 흑인 학생을 맡으려 하지 않았어요. 수많은 백인 가정에서도 자녀가 흑인 아이와 나란히 앉아 수업 듣기를 원하지 않았어요.
　판결의 뜻은 좋았지만 그 영향은 좋지 못했어요. 흑인 아이들이 다니던 학교는 문을 닫았고 흑인 교사들은 일자리를 잃었기 때문이에요. 흑인 아이들은 어떻게 되었을까요? 흑인이 백인보다 열등하다고 믿는 백인 교사들에게 맡겨졌어요. 인종 차별이라는 눈으로 세상을 바라보던 백인 교사들은 새로 들어온 학생들을 이

해하지 못했어요.

오늘날에도 상황은 비슷해요. 미국에서 전체 교직 인구의 80% 이상은 백인이지만 전체 학생의 약 50%는 흑인과 황인, 토착민으로 이루어져 있어요.[30]

1959년에는 버지니아주의 프린스 에드워드 카운티에서 학교 통합을 거부하고 5년 동안 학교를 열지 않았어요. 카운티에는 백인 아이들을 위한 사립 학교가 있었을 뿐이에요. 정부에서는 세금으로 이 학교를 지원했어요. 백인 아이들을 위한 학교에서는 피부색을 이유로 흑인 아이들의 입학을 거부했어요. 5년이라는 정말 긴 시간 동안 말이에요.

학교에서뿐만이 아니라 런던 경찰청에서도 18세 흑인 소년인 스티븐 로런스의 죽음에 대응한 사람들에게서 '집단 실패'의 흔적을 볼 수 있어요.

스티븐은 1993년 4월 22일에 런던 남동부 지역에서 백인 무리에게 "뭐야, 깜둥아?"라고 조롱을 받은 뒤 흉기에 찔렸어요. 당시 함께 있었던 친구 두웨인 브룩스(Duwayne Brooks)는 다행스럽게도 공격을 피할 수 있었어요. 경찰은 두웨인의 도움을 얻어 살인자들을 찾아냈고 이름을 밝히지 않은 목격자 덕분에 살인자들의 이름도 알아냈어요.

스티븐이 죽고 몇 주가 지난 뒤, 경찰은 백인 5명을 체포했지만 7월에 풀어 주었어요. 스티븐의 친구의 자세한 증언 외에 확실한 증거들이 더 없다고 판단했기 때문이에요. 스티븐의 가족은 포기하지 않았어요. 사설 탐정을 통해 용의자가 인종 차별주의자라는 사실을 밝혀냈어요. 언론에서도 끊임없이 '인종 차별'이라는 파장을 일으켰고요. 사회가 들썩이자 영국 정부는 윌리엄 맥퍼슨 경에게 사건을 다시 조사하게 했어요. 맥퍼슨이 이끄는 '맥퍼슨 위원회'는 스티븐의 사건이 인종 차별이라는 동기의 범죄임을 밝혀냈어요. 경찰의 조사 과정에서도 인종 차별이 있었다는 사실을 확인했지요. 위원회는 이 조사 결과들을 정리한 〈맥퍼슨 보고서〉를 냈어요. 스티븐이 살해된 지 19년이 지나서야 용의자 가운데 2명이 살인 혐의로 유죄 판결을 받았어요. 그 세월 동안 스티븐의 가족은 그를 기리며 건축 센터를 열었어요.

08 닫힌 눈 열기 · 사람들의 역사 바로 알기

맥퍼슨 위원회의 보고서는 인종주의에 '무관용 원칙(작은 규칙 위반도 엄하게 벌한다)'을 시행하는 방법을 70가지 이상 권하며 끝맺었어요. 권고안에는 법률을 고치고 백인 경찰의 태도 개선, 각 인구를 대표하는 경찰 채용 및 유지가 있었어요. 보고서는 스티븐 로런스의 죽음에 보인 경찰의 대응을 '제도적 인종주의'라고 표현했어요. 조금 변화가 생기긴 했지만 흑인과 황인은 여전히 경찰에게 제지를 받을 확률이 백인보다 8배 더 높아요. 실제로 경찰청에 있는 경찰관과 직원 2000명 가운데 5분의 1은 인종 편견을 가지고 행동해요.

해마다 4월 22일이면 미국에서는 스티븐의 죽음을 추모해요. 스티븐 로런스는 지금도 사람들의 마음속에 여전히 살아 있으니까요.

1985년에 필라델피아의 서부 지역에서 흑인 해방 단체 MOVE에게 경찰이 폭탄을 던진 사건이 있었어요. 프랑스, 덴마크, 호주, 벨기에, 네덜란드를 비롯한 여러 유럽 국가에서 부르카(머리에서 발목까지 온몸을 가리는 이슬람 여성들의 전통 겉옷)를 입지 못하게 한 일도 있었어요. 이는 인종주의, 성차별주의, 이슬람 공포증이 합쳐져 만든 영향이기도 해요.

역사에는 미국 이민 세관 단속국 수용소에 갇혀 있다가 사망한 사람들의 이야기도 있어요. 록사나 에르난데스(Roxana Hernández), 자클린 칼 마퀸(Jakelin Caal Maquin), 펠리페 알론조고메스(Felipe Alonzo-Gomez), 마리에 후아레스(Mariee Juárez) 등 아주 많은 사람이 희생됐어요. 이들은 인종 차별을 부추기는 사회에서 열악한 수용소에 갇혀 사라진 안타까운 사람들이에요.

오랜 시간 쌓여 온 역사는 사람들의 몸과 기억에 새겨져 있어요. 여러분이 누구인지, 사회가 여러분을 어떤 존재로 길들여 왔는지 증명해 주기도 해요. 거기에 여러분의 이야기들이 있어요. 여러분에게는 역사를 나누고 진실을 알릴 힘이 있어요. 집단의 역사를 들여다보면 어떻게 하나하나의 순간이 차곡차곡 쌓여 인종주의의 단단한 바탕이 되었는지 확인할 수 있어요. **그럼에도 인종주의를 부수는 움직임은 있었어요.** 여러분에게도 그렇게 행동할 힘이 감추어져 있답니다.

활동하기

계속해서 여러분의 역사를 적어 보세요!

여러분의 가족보다 더 오래된 역사에는 어떤 이야기가 있나요? 여러분이 사는 땅과 관련이 있나요? 사람들의 역사에서 어떤 순간이 큰 영향을 미쳤나요? 역사 속 순간들이 오늘날의 모습을 어떻게 만들었을까요?

우리 아빠는 베트남 전쟁에 징집됐어요. 젊은 흑인 남자였던 아빠는 젊은 백인 남자들처럼 쉽게 군 입대를 피할 수 없었어요. 백인들은 대학에 입학하거나 다른 여러 방법으로 입대를 피할 수 있었거든요. 그 전쟁이 아빠에게 미친 영향을 나는 자세히 알지 못해요. 직접 겪지 않은 일이고 수많은 흑인 베트남 참전 용사들에 관한 진실은 역사책에서 알려 주지 않으니까요.

2. 칼라일 학교에 도착한 수족 소년들, 1879년 미국

1. 기숙 학교 교복을 입은 에서 프레스콧(Esau Prescott)의 스튜디오 촬영 사진, 1915년 미국 위스콘신

6. 빅토리아역에 도착한 서인도제도 원주민 이민자들, 1956년 영국

5. 섬너 초등학교 앞에서 린다 브라운, 1953년 미국 캔자

3. 틸버리 부두에 도착한 자메이카 이주민들, 1948년 영국, 에식스

4. 백인들의 거부로 따로 교육하는 교실 풍경, 1964년 미국

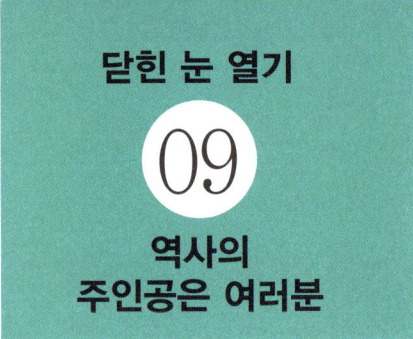

닫힌 눈 열기
09
역사의 주인공은 여러분

인종주의의 바탕을 세우고 오늘날처럼 무너지지 않게 쌓아 올리려고 애쓴 사람들이 있었어요. 이와 달리 인종주의에 맞서 저항하는 사람들도 언제나 있었어요. 사람들의 오랜 역사에는 강인함, 사랑, 기쁨, 혁명의 이야기들도 담겨 있답니다. 시인이자 민권 운동가인 카리브계 미국인 준 조던(June Jordan)은 **'우리가 기다려 온 존재는 바로 우리 자신'**이라고 했어요.

우리는 언제나 존재해 왔고 언제까지나 존재할 거예요. 이 또한 우리와 함께한답니다.

최초의 흑인 공화국인 아이티는 차별에 맞선 뜨거운 역사의 이야기를 보여 줘요. 1625년부터 1803년 11월 18일까지 프랑스는 오늘날의 아이티 지역인 생도밍그섬을 다스렸어요. 생도밍그섬은 자메이카와 함께 설탕이 가장 많이 만들어지는 곳이었어요. 프랑스는 커다란 이익을 주는 식민지였던 이 섬에서 노예들을 부려 다양한 상품을 만들었어요.

1791년, 노예였던 투생 루베르튀르(Toussaint Louverture)가 1789년에 일어난 프랑스 혁명과 인권 선언에 크게 감동해 백인 농장주들에 맞서 반란을 일으켰어요. 당시에 농장에서 사람들을 노예로 가혹하게 부리며 모든 자원을 손아귀에 넣은 농장주들이 가장 부유했어요. 루베르튀르가 반란을 일으키기 전에도 차별에 맞서 들고일어난 사람들은 있었어요. 그들을 잔인하게 억누르고 자신들을 함부로 대하는 백인들을 향한 저항 정신이 시간이 흐를수록 루베르튀르와 흑인 노예들의 마음에 자리 잡았어요. 마침내 자유와 평등을 가슴에 새긴 루베르튀르에게 노예제를 없애겠다는 목표가 생겼어요.

"우리가 기다려 온 존재는 바로 우리 자신이에요."

준 조던

1792년에 루베르튀르가 이끄는 군대는 섬을 3분의 1까지 장악했어요. 그리고 그들은 오늘날의 도미니카공화국으로 알려진 지역으로 이동했지요. 그곳은 스페인이 토착민인 타이노족과 다른 카리브해 지역 나라의 흑인들을 노예로 삼은 지역이었어요.

1801년에 투생 루베르튀르는 자신을 총독으로 세상에 널리 알렸어요. 당시 프랑스의 통치자였던 나폴레옹 보나파르트(Napoleon Bonaparte)는 코드 누아르를 부활시켰어요. 생도밍그섬을 지배하고 노예제를 살리려던 그는 루베르튀르를 잡아넣어 반란을 끝내겠다며 어마어마한 군대를 보냈지요.

거짓 제안인 줄도 모른 채, 루베르튀르는 항복하면 자유를 주겠다는 프랑스 측의 협상 제안을 받아들였어요. 곧 휴전 협정이 깨지면서 프랑스로 잡혀간 그는 1803년에 감옥에서 숨을 거두었어요. 루베르튀르의 군대에서 부관으로 활약한 장자크 드살린(Jean-Jacques Dessalines)이 루베르튀르의 뒤를 이어 혁명을 계속했어요. 그 결과, 1803년 11월 18일에 프랑스군이 섬에서 철수했어요. 1804년 1월 1일, 독립을 널리 알린 드살린은 '타이노에 있는 높은 산의 땅'이라는 뜻으로 섬에 '아이티'라는 이름을 붙였어요.

한때 식민지였던 여느 나라와 마찬가지로 아이티에도 이처럼 뜨거운 역사가 있어요. 그 가운데에서도 최초의 흑인 공화국으로서 전하는 저항과 희망의 이야기를 기려야 해요.

역사에서 기억해야 할 또 다른 주인공은 유리 고치야마(Yuri Kochiyama)예요. 제2차 세계 대전이 한창이던 때 하와이에서 진주만 폭격이 터진 뒤 미군은 서부 해안에 사는 모든 일본인과 일본계 미국인을 잡아 가둘 권한을 받았어요. 1942년에서 1945년 사이, 무려 10곳이나 생긴 수용소에 대략 12만 명이 갇혔어요. 사람들은 집과 일터를 잃어야 했지요. 유리 고치야마는 캔자스에 있는 수용소로 옮겨졌어요. 그녀에게는 뉴욕의 할렘에 살던 시절부터 강인한 운동가 정신이 있었어요. 흑인 인권 운동가들과 함께 활동했고 시민 운동가인 맬컴 엑스와 가까운 친구 사이이기도 했지요. 흑인 해방에 강한 믿음이 있었던 유리는 제도와 권력 남용이 어떻게 BIPoC를 억누르고 있는지 꿰뚫어 보았어요. 또한 푸에르토리코인의 해방을 지지하는 영로드당(Yóung Lórds, 라틴아메리카계 시민의 정치·경제력의 향상을 위해 활동한 스페인어계 미국인의 단체)과도 함께 일했어요. 평생 이들을 도운 유리는 경찰과 원활한 협상을 해야 할 때 가장 먼저 찾는 사람이었어요. 이 밖에도 베트남 전쟁 반대 운동을 벌이기도 했지요. 제2차 세계 대전 동안 부당하게 피해를 입은 수많은 일본인과 일본계 미국인에게 나라에서 보상해 줘야 한다고 강하게 목소리를 냈어요.

유리 고치야마는 인종주의 반대를 위한 저항과 연대 활동에 평생을 바쳤어요. 유리는 2014년에 세상을 떠났지만 그녀의 말은 마음속에 남아 언제나 함께할 거예요.

우리가 기억해야 할 역사 속 인물 가운데 러빙(Loving)

"자기 자신부터 달라져야 해요. 여러분에게는 젊음이 있고 꿈이 있고 의미 있는 일을 하고 싶다는 열망이 있어요. 그 자체로 여러분은 우리의 미래이고 희망입니다."

가족의 이야기도 있어요. 리처드 러빙(Richard Loving)은 백인이고 밀드러드 러빙(Mildred Loving)은 흑인 원주민이에요. 두 사람은 1958년에 워싱턴 DC에서 결혼해 버지니아에 생활 터전을 마련했어요. 그 주에서는 다른 인종끼리의 결혼이 불법(그 당시 미국에 있는 20개가 넘는 주에서 불법)이었지요. 부부를 체포하겠다고 한밤중에 경찰이 집으로 들이닥쳐서 자다가 깨는 일도 있었어요. 부부는 워싱턴 DC로 이사했지만 가족과 친구들이 너무 그리웠어요. 고향을 떠난 지 5년 만에 밀드러드는 전미유색인지위향상협회(National Association for the Advancement of Colored People, NAACP)와 미국시민자유연합(American Civil Liberties Union, ACLU)에 도움을 청했어요. 러빙 부부는 버지니아의 주법에 맞서 항소했지만 주에서는 꿈쩍도 않았어요. 부부는 최고 사법 기관인 대법원의 문을 두드렸어요. 대법원은 러빙 부부와 버지니아주 사이에서 벌어진 사건을 두고 법의 폐지에 손을 들어주었어요. 덕분에 미국에서 다른 인종끼리 결혼할 수 있었어요. 오늘날, 러빙의 소송 이후에 태어난 사람들은 '러빙 세대'라고 부를 수 있어요. 혼혈보다 이 표현이 훨씬 더 좋지 않나요? 나 자신을 러빙 세대라고 하면 밀드러드와 리처드 러빙에게 존경을 나타내면서 정체성의 중심에 사랑을 놓을 수 있거든요.

유색인종연맹(League of Colored Peoples, LCP)도 인종주의에 맞선 역사에서 아주 중요해요. 이 단체는 흑인 영국인이 일자리나 살 집조차 얻지 못하는 상황에 맞서 1931년에 의사인 해럴드 무디(Harold Moody)가 영국에 세운 인권 단체예요.

오랜 역사의 흐름에는 수많은 민권 운동가와 혁신가가 있어요. 콰메 투레(Kwame Ture, 과거 이름은 스토클리 카마이클(Stokely Carmichael)), 마리엘 프랑코(Marielle Franco), 패니 루 해머(Fannie Lou Hamer), 돌로레스 우에르타(Dolores Huerta), 마야 앤절루(Maya Angelou), 그레이스 리 보그스(Grace Lee Boggs), 스티브 비코(Steve Biko), 바이어드 러스틴(Bayard Rustin), 콰나 파커(Quanah Parker), 글로리아 안잘두아(Gloria Anzaldúa), 클로뎃 콜빈(Claudette Colvin), 브리타니 팩넷(Brittany Packnett), 앨리시아 가자(Alicia Garza), 패트리시 컬러스(Patrisse Cullors), 오팔 토메티(Opal Tometi), 말리 디아스(Marley Dias)를 비롯한 이들이 그 주인공이에요.

부당한 차별에서 여러분은 자유로워져야 해요.
그걸 '해방'이라고 해요.

사람들이 기억하는 역사는
한 명, 한 명의 마음속에 살아
숨 쉬고 있어요. 여러분의 조상은
여러분을 자랑스러워할 거예요.
많은 사람이 이렇게 저항의
역사를 함께 쓰고 있기 때문이에요.
여러분은 앞으로 사람들을
나아가게 할 거예요.

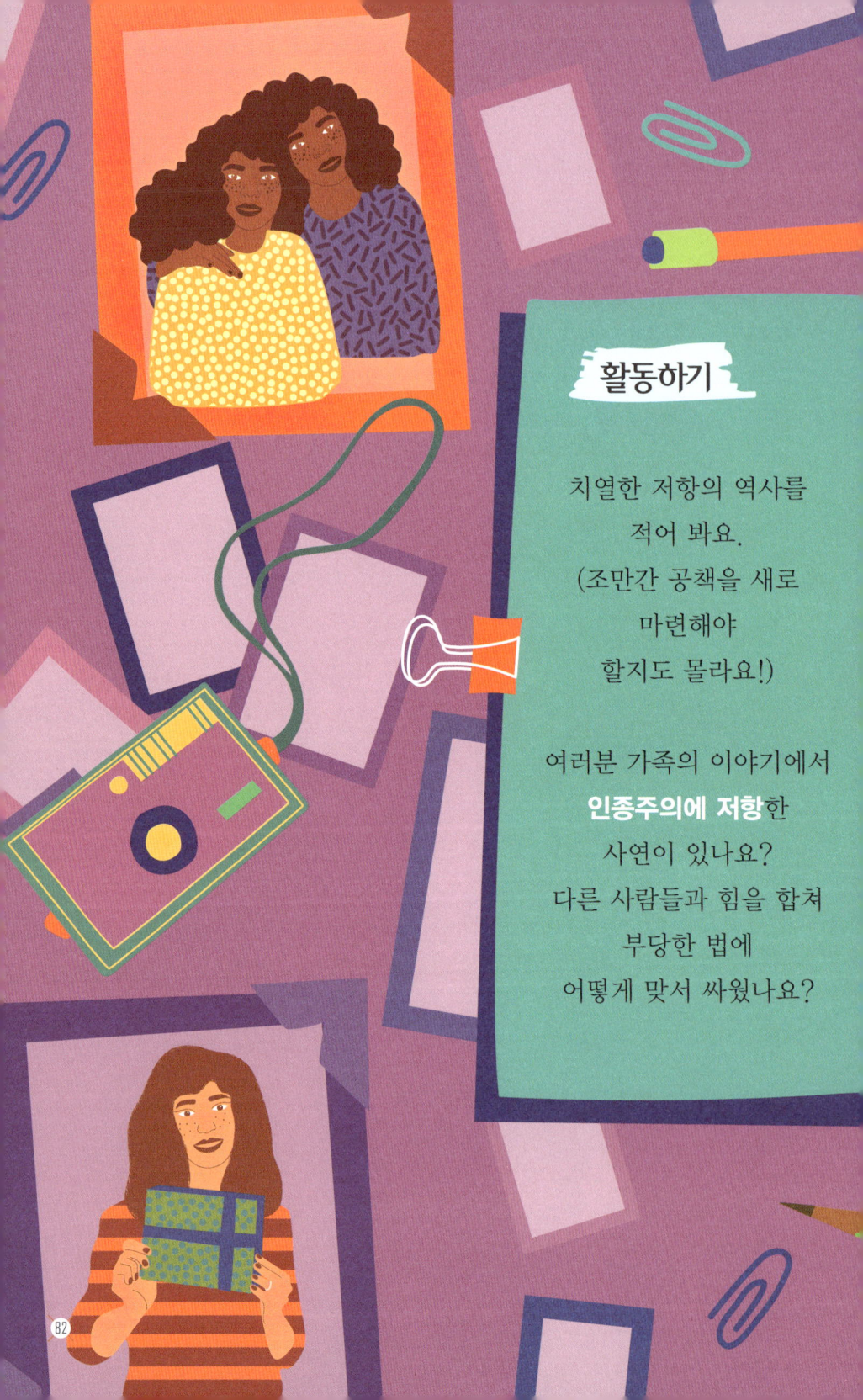

활동하기

치열한 저항의 역사를
적어 봐요.
(조만간 공책을 새로
마련해야
할지도 몰라요!)

여러분 가족의 이야기에서
인종주의에 저항한
사연이 있나요?
다른 사람들과 힘을 합쳐
부당한 법에
어떻게 맞서 싸웠나요?

여러분 가족의 이야기에서
인종주의에 기여한 사연이 있나요?
그 이야기는 어떻게 전해지고
있나요? (쉬쉬하며? 자랑스럽게?)

여러분이 존경하는 인물 가운데
역사책에 소개되지 않는
사람이 있나요?
그들의 이름을 적고
그들의 자세한 이야기를
들려주세요.

모두가 진작 알았어야 할 몰랐던
역사를 여러분이 들려줄 수 있어요.

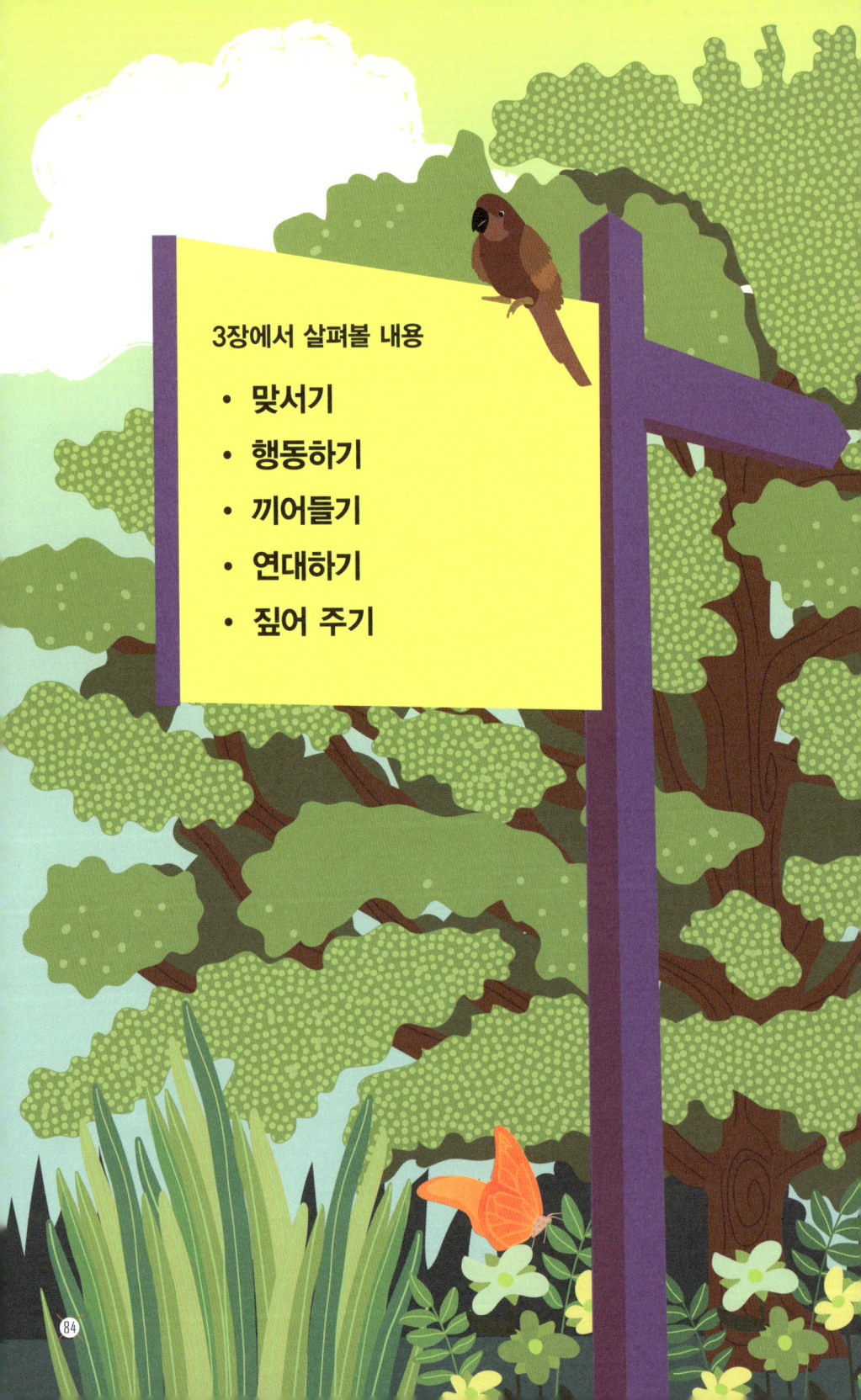

스스로의 길 선택하기

인종주의에 맞서서 직접 행동에 나서 봐요.

스스로의 길 선택하기

10

맞서기

**차별에는 어떻게 행동하고 목소리를 내야 할까요?
또 어떻게 나서야 할까요?
아무 말도 하지 않으면 어떻게 될까요?**

**여러분은 할 수 있어요. 차별에 맞서
올바른 뜻을 세울 수 있어요.**

이제 여러분은 전과는 다르게 세상을 바라볼 수 있어요. 자기 자신과 주변을 바라보는 새로운 눈을 가졌기에 세상과 역사를 잘 알아요. 여러분에게 전해지는 역사가 어떤 이야기를 들려주고 어떤 이야기를 감추는지 알고 있어요. 또 사람들이 세상에서 살아가는 방식을 더 세심하게 바라볼 수 있고요. 보이지 않는 차별이 어떤 영향을 주는지도 알 수 있어요. 인종주의가 뿌리박힌 기관이 오랜 시간 동안 알게 모르게 어떤 활동을 사람들에게 펼쳐 왔는지 알 수 있어요. 다니는 학교에서도 예외는 아니에요. 학생들의 머리 모양이나 머리에 무엇을 쓸 수 있는지와 같은 규칙에도 여러분은 지혜롭게 행동할 수 있어요. 이런 교칙에 지배 문화가 배어 있는지 아닌지 알 수 있기 때문이에요.

세상을 바라보는 여러분의 시선과 생각은 달라졌어요. 그럼에도 여전히 수많은 프로그램과 영화 속 출연진과 주인공은 백인이 대부분이고 테러 장면에서는 어김없이 흑인이나 황인이 범인으로 나와요. 이것이 고정 관념으로 잘못 굳어져 사람들에게 어떤 영향을 주는지 이제는 알아요. 잘못된 사실에 더 많은 정보를 찾아 보다 깊이 있고 올바르게 이해하는 방법을 알고 있답니다.

이제 여러분은 다음으로 무엇을 해야 할까요?

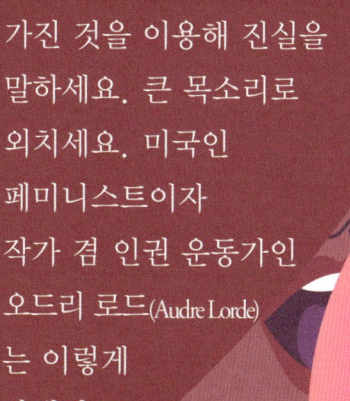

가진 것을 이용해 진실을 말하세요. 큰 목소리로 외치세요. 미국인 페미니스트이자 작가 겸 인권 운동가인 오드리 로드(Audre Lorde)는 이렇게 말했어요.

"침묵은 나를 지켜 준 적이 없어요. 당신의 침묵도 당신을 지켜 주지 않을 거예요."

> 말하지 않으면 들을 수 없어요. 행동하지 않으면 볼 수 없어요.
> 아무 일도 일어나지 않으면 변화하는 기운을 느낄 수 없어요.

여러분의 목소리로 옳지 않은 진실을 말하고 세상에 알려지지 않은 이야기를 알려야 해요. 친구, 가족 등 여러분의 외침을 들어줄 사람이라면 누구에게든 이야기하세요. 계속 글로 적어 주변에 보여 주세요. 멋진 그림으로도 그려서 세상에 선보이세요. 용기를 내세요.

나도 침묵해서 후회한 적이 있어요. 선생님이 차별했을 때 그저 가만히 있었던 일이 큰 아쉬움으로 남아 있어요. 옳지 못한 차별에 맞섰더라면, 차별하는 상황을 그저 보기만 한 학교에 따졌더라면 얼마나 좋았을까요?

그때 그 교실로 다시 돌아간다면 어떻게 행동할 수 있을까요?

몸집이 작고 나이가 어리더라도 그에 아랑곳하지 않고 선생님의 차별에 맞설 용기가 필요해요. 일어나 "학생한테 그런 말은 옳지 않아요."라고 말해야 해요.

차별을 당한 친구가 있다면 데리고 교실 밖으로 나가세요. 반 친구들 가운데 따라오겠다거나 데려가야 할 친구가 있으면 함께 움직이세요. 교무실에 가서 그 선생님이 어떤 행동을 했는지 다른 선생님이나 교장 선생님에게 도와 달라고 말하세요. 학생에게 폭언한 선생님의 일을 모두 털어놓으세요. 그리고 세상에 알리세요. 부모님과 친구의 부모님에게 연락해 달라고 요청하세요. 차별하는 말과 행동으로 자신을 괴롭힌 선생님과 일분일초라도 같은 곳에 있으면 안 돼요. 누구라도 마찬가지예요.

차별이 있었다면 그 일을 어머니에게 모두 말하세요. 그리고 어머니와 함께 친구의 부모님께도 알리세요. 반 친구들에게도 가족에게 사실대로 말해 달라고 요청하세요.

보호자인 부모님은 여러분의 이야기가 세상에 널리 퍼지도록 도와줄 수 있어요. 여러분끼리만 힘을 합칠 때보다 더 큰 목소리를 낼 수 있답니다. 학생을 안전하게 지켜 주지 못하고 평등하게 대하지 못한 선생님은 가르쳐서는 안 돼요. 그런 선생님은 물러나야 한다고 강하게 말할 용기가 필요해요.

여러분에게 알려 주는 이유가 바로 여기 있어요. 여러분은 지금 목소리를 낼 수 있고 맞설 수 있기 때문이에요.

여러분 모두는 학교에서 언어폭력과 물리적 폭력 등에서 자유로운 학습의 장소를 만들어 달라고 강하게 요구할 수 있어요.

나는 차별에 침묵했던 그 날을 자주 떠올려요. 눈앞에서 펼쳐지던 상황에 강하게 맞서는 방법을 알았더라면 좋았겠다고 생각하곤 해요. 상황에 맞설 방법을 궁리하고 강하게 목소리를 냈더라면 얼마나 좋았을까요? 차별했던 선생님에게, 상황이 그렇게 되도록 내버려 둔 모든 것에 맞서지 못했던 일은 두고두고 마음속에 아쉬움으로 남아 있어요.

여러분에게 행동하라고 알려 주는 이유가 바로 여기 있어요.
여러분은 지금 목소리를 낼 수 있고 맞설 수 있기 때문이에요.

학교 같은 익숙한 공간이 아닌 밖에서 이런 일이 일어난다면 여러분은 어떻게 하겠나요? 여러분에게 편하거나 친숙한 장소가 아니라면요?

여러분이 가족이나 친구와 함께 시내에 나갔어요. 경찰 4명이 흑인 남학생 2명을 둘러싸고 있는 모습을 본다면 어떻게 하겠나요? 그 학생들은 아는 사람들일 수도 있고 아닐 수도 있어요. 작년에 같은 반이나 방과 후 교실에 있었던 친구일지도 몰라요. 상점을 구경하다가 스쳤던 사람일 수도 있어요. 생판 모르는 사람일 수도 있고요. 그런 상황에서 아는 사람인지 아닌지는 별로 중요하지 않아요.

총이나 위험한 다른 무기를 든 경찰이 있어요. 그런데 여러분의 눈에 무장하지 않은 흑인 남학생들이 어찌할 줄 모르는 표정으로 손을 번쩍 들고 있는 모습이 보여요.

이런 상황을 뉴스에서 본 적 있을 거예요. 에릭 가너(Eric Garner), 샌드라 블랜드(Sandra Bland), 필랜도 캐스타일(Philando Castile), 마이클 브라운(Michael Brown) 등 수많은 희생자를 떠올려 보세요. 이들을 기억하며 이제 여러분이 역사를 바꿔야 해요. 앞으로 살면서 이런 일이 생기지 않도록 대처하는 방법을 알아야 해요. **명심하세요.** 차별에 맞설 때는 반드시 여러분에게 아무런 피해를 주지 않는 안전한 방법이어야 해요. 행동하기 전 '먼저' 믿을 만한 어른에게 이야기하세요.

활동하기

10 스스로의 길 선택하기 · 맞서기

공책을 펼쳐 글을 적어 봐요.

여러분은 차를 타고 어디론가 가고 있었어요. 차 안에서 경찰에 잡혀 겁에 질린 황인 학생들을 봤어요. 그들은 그 자리를 벗어나고 싶어 해요. 여러분도 그들이 새로운 희생자가 되지 않기를 바라요.
이 상황에서 할 수 있는 행동은 무엇이 있을까요? 생각보다 다양할 수 있어요. 잠시 생각할 시간을 갖고 **해 볼 만한 행동**을 생각나는 대로 적어 보세요.

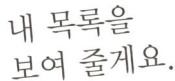
내 목록을 보여 줄게요.

1. 멈춰 세운 차에서 내려 현장으로 걸어가 목격자가 되어 준다.

2. 일어나는 상황을 용기 내어 핸드폰으로 촬영한다. 여러분에게는 그럴 권리가 있다. 미국과 한국을 비롯한 많은 나라에서는 공공장소에서 사진이나 영상을 촬영한다는 이유로 잡아갈 수 없다. 경찰은 여러분의 핸드폰을 강제로 빼앗을 수 없다. 촬영하지 말라고 요청할 수는 있으나 여러분이 일부러 멈출 필요는 없다.
   ＊상점처럼 주인이 있는 장소라면 주인이 규칙을 정한다. 따라서 촬영할 수 있는지는 주인에게 달려 있다. 경찰이 정할 수 없다.

3. 차에 탄 채로 촬영한다.

4. 차에 탄 채로 경찰에 붙잡혀 있는 2명에게 "내가 다 보고 있어."라고 크게 소리 내어 안심할 수 있도록 알려 준다.

5. 경찰과 황인 학생들이 있는 곳으로 가까이 다가간다. 그들에게 도움이 필요한지, 대신 연락해 줄 사람이 있는지 물어본다. 함께 있던 어른과 같이 갈 수도 있다.

6. 지나가는 사람에게 함께 목격자가 되어 달라고 요청한다. 많은 숫자에서 오는 힘과 영향력은 강하다.

7. 차에 같이 타고 있는 어른에게 함께해 달라고 부탁한다.

8. 상황을 무시하고 차를 타고 계속 이동한다.

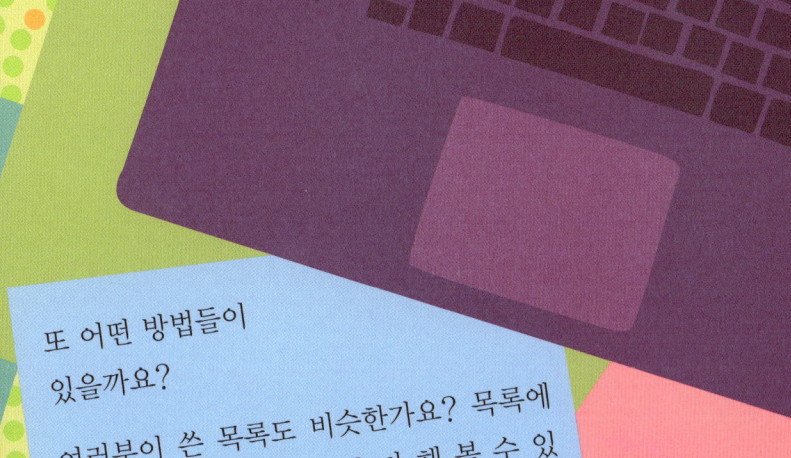

또 어떤 방법들이 있을까요?

여러분이 쓴 목록도 비슷한가요? 목록에 없는 행동은 무엇인가요? 더 해 볼 수 있는 행동은 무엇이 있을까요? 자세한 행동 목록은 앞으로 더 살펴보려고 해요. 계속해서 행동 계획을 생각하고 만들어 봐요.

나의 선택

여러분이 할 수 있는 행동은 위험을 무릅써야 할 수도 있고 아닐 수도 있어요. 따라서 위험을 피하게 해 줄 특권이나 권리가 여러분에게 있는지, 없는지 제대로 알고 있어야 해요. 그에 따라 상황에 접근하는 방법이 완전히 달라질 수 있기 때문이에요. 경찰이 있는 상황에서 여러분이 백인이고 시스젠더라면 목소리를 내 행동할 수 있는 특권을 누릴 수 있어요. **여러분이 글로벌 다수자인 흑인이나 황인, 토착민이라면 행동이 어떤 결과를 줄지 잘 판단해야 해요.** 위험을 무릅쓰고 앞서 정리한 행동 가운데 무엇을 선택한다고 해도 걱정하지 마세요. 여러분이 이유 없이 끌려가거나 다치는 일은 일어나지 않을 테니까요.

스스로의 길 선택하기

11

행동하기

아무 말도 하지 않으면 어떻게 될까요? 아무 행동도 하지 않으면요?

아무 행동도 하지 않으면 아무 일도 일어나지 않아요. 자신을 차별하는 선생님에게 어떤 행동도 하지 않고 교실에서 그저 묵묵히 앉아 있는 친구가 있어요. 이는 괜찮은 방법이 아니에요. 선생님이 그 친구를 하찮고 힘없는 존재로 만드는 날들이 계속 이어지기 때문이에요.

> 목소리를 내는 데 망설이지 마세요. 행동으로 옮기는 데 머뭇거리지 마세요.

그럼에도 여러분에게 침묵하는 순간이 찾아올 수 있어요. 이는 부당함을 느끼지 못했기 때문일 수 있어요. 또 어떤 상황인지 잘 몰라서 다른 누군가가 나서 주기를 바랐기 때문일지도 몰라요. 바로 행동하기에 안전하지 않은 상황일 수도 있고요. 여러분이 목소리를 내고 행동하지 않았던 이유는 할 수 있는 일이라고 생각하지 못했기 때문이에요. 어른에게 기대야 하거나 여러분을 위해 어른들이 대신 목소리를 내줄 거라고 생각하지 않았나요? 물론 이때는 여러분이 바라는 변화는 일어나지 않을지도 몰라요.

침묵하면 아무것도 달라지지 않아요. 침묵은 지배 문화를 굳건히 만드는 데 함께하는 일이에요. 인종 차별이 세상에 뿌리내리도록 모르는 체하며 내버려 두는 일과 같기도 해요. 입 다물고 있으면 부당한 상황에서도 괜찮다는 메시지를

11 스스로의 길 선택하기 · 행동하기

전하는 것과 같아요.

깨닫는 것만으로는 충분하지 않아요. 반드시 직접 행동해서 보여 줘야 해요. 보여 주는 방법은 무궁무진해요. 똑같은 상황은 하나도 없기에 해결하는 방법도 달라요. 다만 모든 상황에는 잘못된 인종 차별이 있다는 공통점이 있어요. 나의 이야기를 통해 이때 여러분이 할 수 있는 행동을 몇 가지 알려 줄게요.

11세 때 나는 유럽 식민주의를 좋게만 말하는 역사 수업을 들은 적이 있었어요. 그 수업은 크리스토퍼 콜럼버스 (Christopher Columbus)가 나타나기 전까지 그 땅에 누가 살았는지 가르쳐 주지 않았지요. 오로지 그 땅을 차지하고 다스린 사람들의 이야기만 다루었어요. 잘못된 수업이라고 알리기 위해 나는 글을 써서 의견을 표현했어요.

 고등학교 때는 학교, 화장실, 임산부 시설, 공원을 짓는 기관을 지원하기 위해 티셔츠와 카드를 팔아 기금을 마련하는 단체에서 활동했어요. 내 쌍둥이 언니는 일주일에 한 번씩 지역 신문에 10대들의 생각과 목소리를 담은 글을 보내 행동에 나섰지요.

22세 때는 공정하지 않은 대출을 일삼는 은행처럼 힘없는 사람들을 이용하는 금융 기관과 부당한 의료 체계에 반대하는 시위에 함께하여 힘을 보탰어요. 흑인 및 라틴계 단체와 연대하기도 했지요. 계속 주어진 권력을 휘두르며 BIPoC를 억누르는 기관에 맞서는 행동은 여러분이 관심을 갖고 할 만한 가치가 있는 일이에요.

27세 때는 내가 가르치는 학생들에게 지배 문화의 권력과 특권에 관해 숨김없이 알려 줬어요. 인종 차별과 저항의 역사를 가르쳐 주기도 했지요. 그리고 가족과 학교 공동체, 교사들과도 이를 나누었어요.

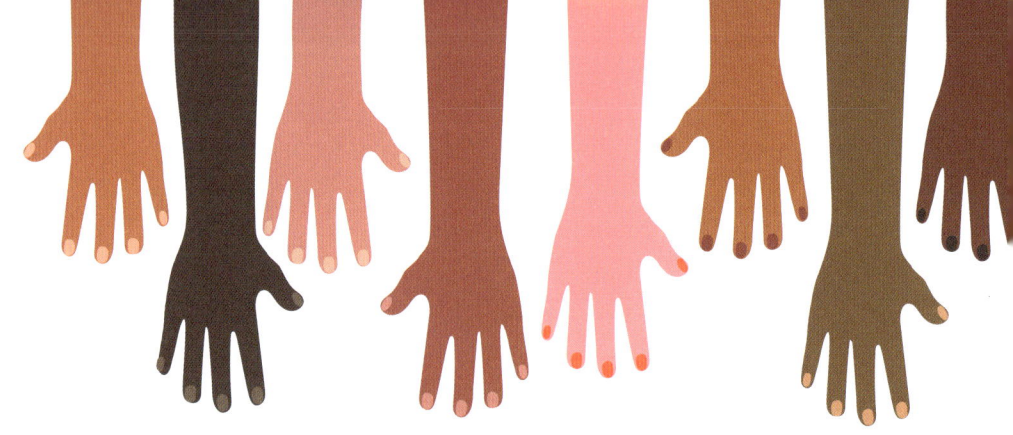

오늘날에도 여전히 날마다 다른 상황이 펼쳐져요.

나는 순간마다 스스로가 어떤 사람인지 확실하게 알리고 노력해요. 밝은 피부색을 가진 흑인 이중 인종이면서 시스 여성인 내가 세상과 사회에서 어떤 의미인지 알 수 있기 때문이에요. 덕분에 나는 스스로에게 안전하면서 상황에 알맞은 행동을 할 수 있고 또 누군가를 도와줄 수 있어요. 행동이란, 부당함을 알아차리고 고정 관념을 확인하는 과정이에요. 인종 차별 반대라는 렌즈를 사용해서 눈앞에 펼쳐지는 상황을 살펴보고 맞서는 움직임이기도 해요.

침묵은 바람직하지 않아요. 선택 사항도 아니지요. 흑인과 황인, 토착민은 사회에서 수없이 다치고 억눌리며 목숨까지 잃고 있어요. 여러분이 백인이거나 피부색이 밝은 글로벌 다수자라면 주어진 특권을 충분히 이용해 주세요. 그리고 인종주의가 뿌리내린 사회에 틈을 만들 수 있도록 힘을 보태 주세요. 포기하지 않고 계속 행동해 틈을 점차 늘리다 보면 언젠가 여러분의 손으로 인종 차별을 흔들어 무너트리는 순간이 찾아올 거예요.

활동하기 1

잠시 생각하는 시간을 갖고 여러분 자신의 모습을 돌아보세요.
여러분이 편하게 할 수 있는 행동은 무엇인가요? 어떤 행동을 해 봤나요?
여러분은 편안함을 넘어서서 어떤 행동까지 해 볼 마음이 있나요?
행동할 때 생기는 불안을 줄이려면 무엇이 필요한가요?
누구에게, 어떤 도움을 받아야 할까요?

활동하기 2

여러분이 항시 몸에 지니고 다니는 어떤 도구 상자가
있다고 상상해 보세요.
그 도구 상자에는 무엇이 들어 있나요? 들어 있는 이유는 무엇인가요?
내 도구 상자에 있는 물건을 소개할게요.
− 관찰한 내용이나 떠오르는 생각 등을 적을 수 있는 공책과 펜.
− 내게 힘을 주고 흔들리지 않도록 중심을 잡아 줄
사랑하는 내 가족과 친구들의 사진.
− 빠른 에너지 충전을 위한 초콜릿과 아몬드.
− 수분 보충에 필요한 사용할 수 있는 물통.
− 인종 차별을 당하는 사람들이나 BIPoC 작가가 쓴 책 한두 권.
− 내가 가진 권리를 모국어와 외국어로 각각 적어 놓은 종이.
− 사람들과 빠르게 연락하거나 사진과 영상을 찍을 수 있는
충전된 핸드폰.

스스로의 길 선택하기

12

끼어들기

백인의 눈으로만 보고 기록한 역사가 여러분에게 불편한가요? 또 백인 우월주의자 중심의 세상과 전혀 다른 정보, 새로운 지식에 눈을 떴나요? 그렇다면 평등한 세상을 만들기 위해 훌륭한 출발을 할 수 있어요. 이제 시작이에요. 여러분은 더 이상 백인 중심의 기준에 맞추고 싶어 안달하는 사람이 아니에요. 세상을 전체적으로 두루 살펴보는 뛰어난 사고력은 여러분에게 있는 가장 큰 힘이에요. 문제를 해결하고 결정을 내릴 수 있는 여러분에게도 이제 선택권이 있어요.

여러분은 신중하게 생각하는 법을 알아요. 잠시 동안 깊이 생각하는 시간을 가져 볼까요?

공책과 가장 좋아하는 필기도구를 챙기세요. 잉크가 빨리 마르고 그때그때 색을 바꿀 수 있는 삼색 볼펜이나 연필, 색연필도 좋아요.

활동하기

여러분에게 있는 최고의 힘은 무엇인가요?

몇 분 정도 시간을 내서 여러분에게 있는 '최고의 힘'이 무엇인지 쭉 적어 보세요. 이 힘은 여러분이 갖고 싶은 능력이 아니에요. 다른 사람이 말해 준 능력도 아니에요. 다른 사람들은 눈치채지 못해도 실제로 여러분에게 있는 아주 강한 힘을 말해요. 내게 있는 강한 힘으로는 연대하기, 소통을 위한 빵 굽기, 독서, 다른 사람이 말하는 중간에 끼어들기, 정보 주고받기, 물건 찾아 주기 등이 있어요. 이 가운데 두 가지를 자세히 살펴볼게요.

연대하기

빵 굽기

최고의 힘

- 다른 사람들이 잃어버린 물건 찾아주기
- 목록 만들기
- 새로운 정보를 다른 사람들에게 알려 주기
- 다른 사람의 부당한 말에 끼어들기
- 의견 말하기

독서

최고의 힘 1. 끼어들기

다른 사람의 말에 끼어드는 행동이 내게 있는 최고의 힘이라고 하면 어떤가요? 주변 사람들은 대부분 말도 안 되는 소리라고 할 거예요. 아주 짜증 나고 무례하면서 속 터지는 행동이라고 말이에요. 사람들의 말처럼 끼어들기는 그런 행동이 맞아요. 하지만 내가 하는 끼어들기에는 다른 점이 있어요. 실제로 상당히 유용한 행동이고요. 다만 아무 때나 무턱대고 쓰는 힘이 아니니 사용할 때 주의해야 해요. 평소에 내가 쉴 새 없이 끼어들기만 한다면 아무도 내 말을 들으려 하지 않고 오히려 무시당할 수 있어요. 끼어드는 능력은 연습이 부족하거나 내 목소리를 들으려고 하는 사람들이 아니라면 효과를 거두지 못할 수도 있는 특별한 힘이에요. 이 힘은 언제 쓸 수 있을까요?

나는 무례한 어른들과 회의하는 자리에서 이 끼어들기를 연습해요. 중간에 끼어들 만한 말을 하는 사람들이 많아서 이때가 연습하기 아주 좋은 순간이거든요. 누군가 잘못된 고정 관념이나 보이지 않게 차별하는 말을 하면 사정없이 끼어들어요! 그래요, 이때가 끼어들기 힘을 사용할 좋은 순간이랍니다.

예를 들어 줄게요.

여러분이 많은 선생님과 함께하는 회의에 있다고 해 봐요. 어떤 선생님이 **"음, 저는 피부색을 보지 않아요. 제 교실에서 인종은 문제가 되지 않아요."** 라는 말을 했어요. 여러분은 이 말을 듣고 한 귀로 듣고 흘려버릴 수도 있어요. 하지만 이 말이 보이지 않는 차별임을 알아챈 나는 끼어들기라는 최고의 힘으로 바로 행동했어요.

직접적이든 간접적이든 차별하는 말을 듣는다면 난 지체 없이 말을 싹둑 잘라요. 그 사람이 차별하는 말을 끝낼 때까지 기다릴 필요는 없어요. 계속 말하도록 내버려 두면 안 된다는 이야기예요. 그 말에 공감하는 사람들이 생길 수도 있고 인종을 보지 않는 훌륭한 사람이라며 자화자찬할 수도 있기 때문이에요.

이때 **"그건 옳지 않아요!"** 라고 말하며 끼어들면 상황을 바꿀 수 있어요.

12 스스로의 길 선택하기 · 끼어들기

나는 짧고 분명한 표현을 먼저 던진 다음 말을 이어 나가요. 이렇게 하면 사람들이 내 말에 집중해요!

> "학생들이 서로의 다른 점을 바라보고 인정하고
> 이해하는 게 중요해요. 학생과 학생 가족의 인종과
> 피부색을 일부러 피한다면 그 사람들을 부정하는 행동이에요.
> 그들의 인종적, 민족적 배경을 받아들이지 않는 거예요.
> 그들이 어떤 사람들인지 신경 쓸 필요가 없다는 말과 다름없어요.
> 그들을 지배 문화의 기준에 맞춰 넣어 똑같이 만들려고 하는 거예요.
> 그 교실에서는 백인 우월주의만 옳다고 가르치는 겁니다."

이 말을 들으면 처음에 말을 꺼냈던 사람은 불편한 기분을 드러낼 거예요. 주변에 있는 다른 사람들에게도 불편한 마음이 생겨날 거고요. 다른 한편으로는 귀 기울여 들으며 맞장구치는 사람도 있을 거예요.

자신이 한 말이 인종주의라는 지적을 받기 좋아할 사람은 누구도 없지만 꼭 짚고 넘어가야 해요. 그 순간 목소리를 내서 말하는 사람이 여러분 혼자뿐이라 해도 여러분의 편이 아무도 없는 것은 아니에요.

사람들이 불쾌해하더라도 괜찮아요. 그런 말을 듣고 불편해하는 사람들은 불편해져도 돼요. 인종주의는 글로벌 다수자인 흑인이나 황인, 토착민에게 편안함을 주는 생각이 아니니까요.

편안함으로는 인종주의를 끝낼 수 없어요.

내가 말을 끊은 사람은 자신이 인종주의자가 아니라고 할지도 몰라요. 그게 아니라면 "왜 항상 인종 이야기로 몰고 가려는 건가요?"와 같은 말로 내가 한 말을 무시하려 할 수도 있어요. 아니면 "지금 이건 백인을 대상으로 인종 차별을 하는 거예요."와 같은 말을 할 수도 있어요. 심지어 "지금 내가 인종주의자라는 거예요?"와 같은 말로 자신들이 얼마나 좋은 사람인지 늘어놓으며 인종주의자는 말도 안 된다는 말로 대화 주제를 몰아가려고 할 수도 있어요.

명심하세요. 인종주의는 편견이면서 기관에서 잘못 휘두르는 권력이에요. 백인에게 편견을 갖는 일은 있을 수 있어도 세상에서 **역인종주의는 거의 없어요**. 이따금 사람들이 그 주제를 꺼내 들면 개인적인 편견이 진짜라고만 짚어 주면 어떨까요?

개인을 넘어선 기관에서는 계속해서 보이지 않게 또는 눈에 띄도록 흑인과 황인, 토착민에게 인종 차별을 이어 오고 있어요. 그렇기에 혜택을 누리는 사람은 대부분 백인이에요. 여러분은 인종주의가 단순한 '개인적인 편견'을 뛰어넘는 훨씬 더 큰 개념임을 기억해야 해요.

> "인종을 치우친 생각으로 본다면 그 사람을 온전한 인간으로 보지 않는 것과 같아요. 잘못된 눈으로 바라보는 거예요. 자기가 보고 싶은 방법으로만 보는 행동이기도 해요. 자신에게 편안한 눈으로 바라보는 행동이에요. 학생과 학생의 가족이 원하고 필요로 하는 시선으로 보지 않는 모습이에요."

행동과 말이 맞지 않으면서 자신은 인종주의자가 아니라는 사람에게 정치 운동가이자 학자 겸 작가인 안젤라 데이비스(Angela Davis)가 차별 반대 메시지를 담아 했던 말을 들려주세요.

여러분은 이런 사람들에게 이미 인종주의 사회에서 오랜 시간 살아와 생각과 행동이 익숙해져 있다고 덧붙여 줄 수 있어요. 단순히 비인종주의자가 되는 것으로는 인종주의 사회와 상황을 바꾸지 못해요. 그들은 인종을 차별하지 않기에 스스로를 좋은 사람이라고 여길지도 몰라요. 이건 세상과 사회에 인종주의를 다시 굳혀 주는 생각이에요. 비인종주의자는 차별하는 모습을 보고도 어떤 행동도 하지 않기 때문이에요. 또는 차별하는 말을 하지 않으려고 하면서 유명 유색인 시인이 차별 반대 메시지를 담아 했던 말을 SNS에 올리며 자신이 세상

에 변화를 가져오고 있다며 뿌듯해할지도 몰라요. 현실은 달라요. 차별하는 세상에서 행동하지 않는다면 잘못된 기준을 따르는 행동과 마찬가지예요. 직접 행동해야, 반인종주의자가 되어야 세상과 사회를 달라지게 할 수 있어요.

나는 인종 관련 이야기를 자주 하는 편이에요. 어떤 사람들에게는 내가 인종 이야기만 하는 사람으로 비칠 수 있어요. 나는 인종주의에 찬성하고 차별하는 사람들에게 인종 차별이 세상에서 사라지지 않았다는 사실을 끊임없이 일깨워 줄 거예요. 또 전 세계에 있는 많은 사람에게 인종 차별이 엄청난 피해를 주고 있다고 계속해서 알려 줄 거예요. 여러분도 할 수 있어요. 여러분이 계속 행동할수록 인종 차별을 반대하는 목소리도 더욱 분명하게 전해져요.

최고의 힘 2. 적극적으로 표현하기

나는 춤을 아주 좋아해서 장르에 상관없이 음악이 있는 곳이라면 어디서든 춤을 추곤 해요. 어떤 때는 무대를 종횡무진 누비고 다니기도 해요. 주변 사람들이 부끄러워할 만큼 몸치가 따로 없을 때도 있어요. 파티에서 사람들에 둘러싸여 춤추는 순간도 있어요. 보통은 집에서 혼자 또는 가족과 함께 춤을 출 때도 있어요. 그만큼 나는 춤을 정말 좋아해요. 춤은 사람들의 시선을 끌면서 감정을 솔직하게 나타내 주는 방법이에요. 이는 적극적으로 몸을 움직여 행동하게 하는 아주 좋은 연습이기도 하고요.

춤추기는 내 끼어들기 기술과는 다른 성격의 힘이에요.

나는 기쁨을 잘 드러내지 않아요. 자신을 돌보는 일에 서툰 편이지요. 춤출 때면 잠시 숨을 돌리고 스스로를 비롯한 주변 사람들을 돌아보며 행복을 표현하고 자유로워져요. 여러분도 마찬가지예요. 여러분은 느끼는 그대로의 감정을 자유롭게 나타낼 자격이 있어요. 춤이든 다른 어떤 형태로든요.

스스로의 길 선택하기

13

연대하기

나서기로 한 순간에는 흔들리지 말고 자신을 믿으세요

언젠가 100명이 넘는 사람들과 한곳에 모여 평화와 정의를 주제로 이야기한 적이 있어요. 모든 사람이 같은 곳에서 같은 단어를 말하고 있었지만 그 뜻을 받아들이는 방식은 각자 달랐어요. 이런 일은 앞으로 여러분에게 수없이 생길 거예요.

여러분에게 있는 배경과 지식, 성장하려는 의지, 사회적 위치 또는 지배 문화에 얼마나 가까운지는 사람들과 소통하는 방식에 영향을 미쳐요. 이 조건들에 따라 여러분은 목소리를 낼 수도, 침묵할 수도, 다른 사람들을 침묵하게 할 수도 있어요. 또 사람들이 여러분의 목소리를 무시하거나 귀 기울여 듣게 하는 조건이 되기도 해요.

한번은 백인 여성이 모두가 보는 앞에서 정의는 한 사람이 갖는 관념일 뿐이다라고 말한 적이 있었어요. 그 순간 나는 감정이 크게 폭발했어요. 여성의 말에 동의할 수 없었기에 그 말을 듣고 온몸이 굳어 버렸거든요. 정의는 한낱 관념이 아니에요. 세상과 삶에 꼭 있어야 하는 요소예요. 거기에 누군가의 생존이 달려 있기 때문이에요.

그래서 나는 그 여성을 콜아웃했어요. 콜인과 콜아웃은 다음 챕터에서 자세히 살펴볼게요. 모두가 보는 앞에서 용기 낸 나는 이렇게 큰 소리로 말했어요.
"방금 하신 말씀에 한마디 할게요. 정의는 한낱 관념이 아니에요. 세상과 삶에 꼭 필요한 요소예요."

내 말을 들은 여성이 즉시 방어적 태도를 보이자 괜히 목소리를 높였나 싶은 후회가 싹텄어요. 특히 공공장소에서는 하지 말았어야 했다 싶은 생각이 들었어요. 너무 강하게 끼어든 행동에 후회가 몰려오려는 찰나, 그 여성의 뒤에 있는 사람들이 눈에 들어왔어요. 그곳에는 나 말고도 다른 사람들이 더 있었어요. 그들은 흑인과 황인 들이었지요. 고개를 계속 끄덕이고 손뼉을 치기도 하고 눈빛을 반짝반짝 빛내면서 내 말을 듣고 있었어요. 그 순간, 나는 그 사람들을 책임지는 사람이 되어 있었어요. 그래요, 중요한 것은 바로 그 사람들이었어요. 한 사람의 편안함이 아니었지요.

때로 많은 사람의 익숙함과 필요보다 적은 사람의 편안함을 훨씬 더 중요하게 여겨야 할 순간들이 있기도 해요. 여러분에게는 정의를 세우기 위해 그 순간들을 더 건드리고 불편하게 할 책임이 있어요. 여러분이 인종 차별을 반대하는 사회를 향해 함께 나아가고 있기 때문이에요.

내 친구 브릿(Britt)은 정의를 지키는 일을 이렇게 설명했어요. 여러분이 커다란

13 스스로의 길 선택하기 · 연대하기

호수를 건너고 있다고 상상해 보세요. 모두 같은 장소에서 출발하고 도착 지점도 똑같아요. 가야 할 곳에 다다르기까지 호수를 건너는 속도나 건너는 방법은 제각각이에요.

어떤 사람들은 모터가 달린 아주 빠른 배를 타고 있어요. 그들은 '공정과 정의'라는 목적지에 도달하겠다는 확실한 목표가 있어요. 그리고 거칠게 일렁이는 물결을 타거나 헤치면서 빠르게 이동해요. 다른 사람들에게는 속도가 너무 빨라 보일 수 있지만 아주 좋은 모습이에요.

어떤 사람들은 카누를 타고 있어요. 일정한 속도로 노를 저으면서 자신들이 가야 할 곳으로 다가가고 있어요. 빠른 배를 탄 사람들보다는 당연히 시간이 더 걸려요. 주변 상황이나 노를 젓는 사람들이 속도에 영향을 받아 경로에서 벗어날 때도 있어요. 계속해서 노를 젓느라 지칠 수도 있어요. 이따금 속도를 높이거나 낮추고 싶을 수도 있어요. 하지만 가야 할 곳으로 가고 있기 때문에 괜찮은 모습이에요.

13 스스로의 길 선택하기 · 연대하기

　어떤 사람들은 수영해서 호수를 건너고 있어요. 저마다 다른 속도로 움직이며 주변의 모든 상황과 모든 사람에 엄청나게 영향을 받아요. 다른 사람들의 도움 없이 목적지까지 계속 수영하느라 지쳐 쓰러지기도 해요.

　멀리 떨어진 목적지까지 홀로 도착한다는 것은 결코 혼자 할 수 있는 일이 아니에요. 따라서 다른 사람들과 연대해야 해요. 다른 사람들과의 연대는 변화를 위해 행동하고 한데 뭉치는 힘을 키우는 아주 좋은 방법이에요.

　의식을 깨우고 힘을 키우며 계속 행동하면 여러분에게 협력하려는 사람들과 여러분을 멀리하려는 사람들을 구분할 수 있을 거예요. 맞서는 방법을 이야기할 때도 여러분의 의견이 상대방과 다를 수도 있고 협력하는 상대방이 여러분과 다른 방법을 내놓고 싶어 할 수도 있어요. 하나의 목표를 위해 더 효과 있는 방법을 찾고자 여러 생각을 나누는 소통은 아주 좋은 모습이에요. 여러분의 행동으로 영향을 받는 사람들의 말에 귀 기울이면서 앞으로 나아가세요.

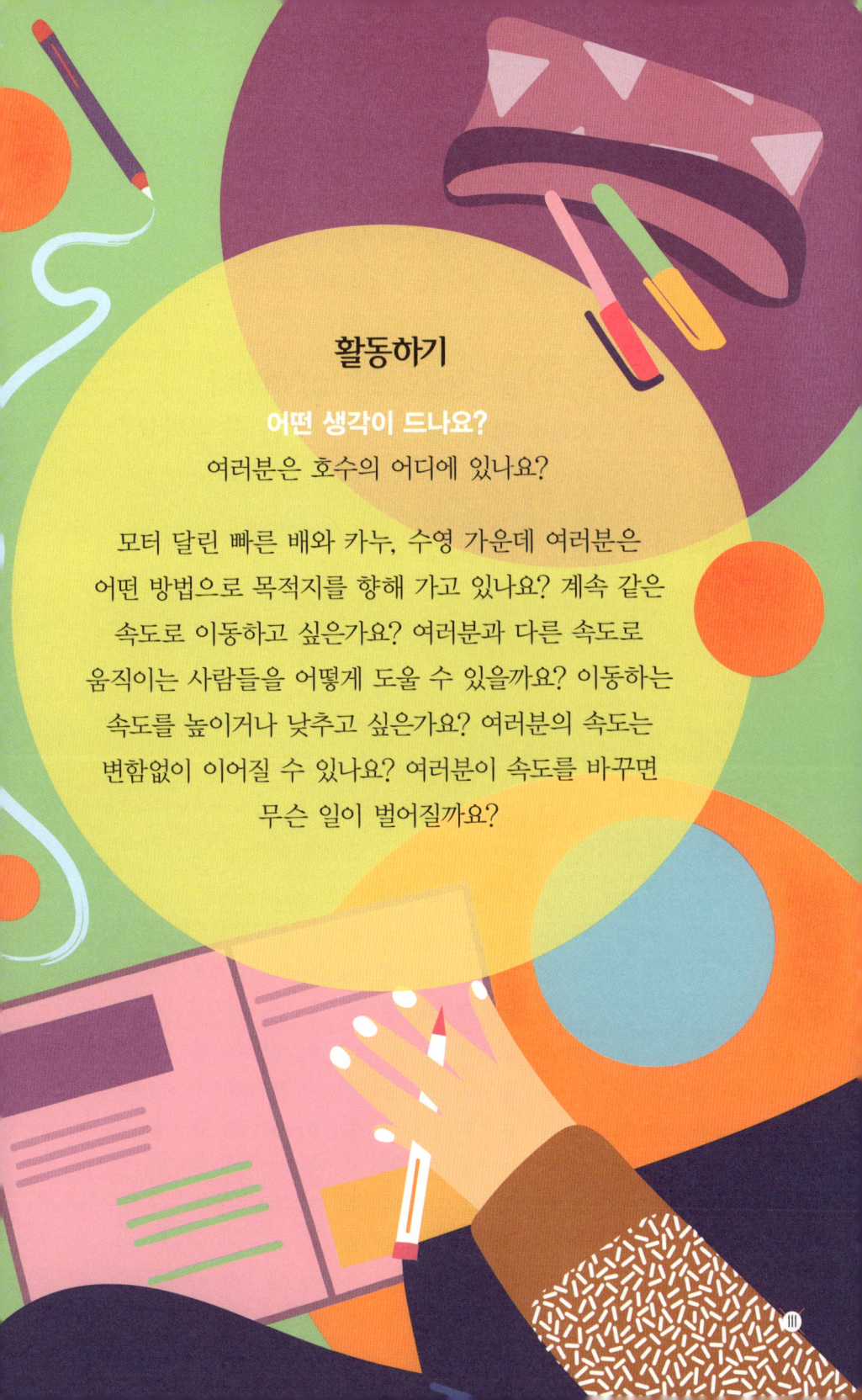

활동하기

어떤 생각이 드나요?
여러분은 호수의 어디에 있나요?

모터 달린 빠른 배와 카누, 수영 가운데 여러분은 어떤 방법으로 목적지를 향해 가고 있나요? 계속 같은 속도로 이동하고 싶은가요? 여러분과 다른 속도로 움직이는 사람들을 어떻게 도울 수 있을까요? 이동하는 속도를 높이거나 낮추고 싶은가요? 여러분의 속도는 변함없이 이어질 수 있나요? 여러분이 속도를 바꾸면 무슨 일이 벌어질까요?

스스로의 길 선택하기

14

지적하기

누군가를 '콜인(call in)' 하거나 '콜아웃(call out)' 하는 것은 무슨 뜻일까요?

상처가 되거나 상대를 억누르는 말을 한 사람에게 둘만 있는 자리에서 그 말을 되짚어 주는 행동이 콜인이에요. 상처를 주는 말을 했다고 공개적인 자리에서 알려 주는 행동이 콜아웃이에요. 둘 가운데 어느 쪽이 더 나은 방법이라고는 생각하지 않아요. 누군가에게는 콜아웃이 더 편할 수 있지만 다른 누군가에게도 콜아웃이 모두 잘 맞는다는 뜻은 아니기 때문이에요.

수년 동안의 경험으로 안 사실은 콜인이나 콜아웃을 하는 상황이나 당하는 상황 모두 콜인을 좋아하는 사람이 많다는 점이에요. 특히 억압받는 집단을 대상으로 해로운 말이나 행동을 했을 때 그런 경우가 많아요. 자, 그럼 콜인은 어떻게 하는지 살펴볼까요?

어떤 학생이 베트남계 미국인인 같은 반 친구에게 "육상부보다 과학반이 더 낫지 않겠어?"라고 말했어요.

그 학생을 콜인하는 방법으로 점심을 같이 먹자고 할 수 있어요. 그런 말을 했던 학생은 **'모범적인 소수 민족 신화'**를 그대로 보여 주는 행동을 했다고 볼 수 있어요. 미국에는 수많은 인종의 사람들이 있어요. 그 가운데 미국에서는 아시아계 사람들이 조용하고 영리하며 열심히 일하고 공부한다는 생각이 자리 잡혔어요. 겉보기에는 다른 인종의 사람들보다 좋은 평가처럼 보이지만 엄연히 차별하는 생각이 담겨 있어요. 아시아계 사람들은 "영리하고 성실하지만 조용해서 사회에 문제를 일으키지 않는다."라는 뜻이기도 하니까요. 또 친구가 한 말은 세계의 수많은 인구를 지나치게 일반화했다는 문제가 있어요. 그 친구에게 아시아계 혈통인 사람이라고 해서 모두 수학과 과학에 뛰어나지는 않다고 말해 주세요. 또 아시아 국가 출신의 모든 사람을 커다란 하나의 민족으로 묶어서 생각하지 말아야 한다고 설명해 줄 수 있어요. 아시아 국가 출신과 아시아계 조상을 가진 사람들을 모두 아시아인이라는 말로 나타낸다는 뜻은 무엇일까요? 다양한 역사와 문화, 경험을 인정하지 않는 것과 같아요.

다른 콜인 방법으로 이메일이나 문자 메시지를 보내서 그 친구가 한 말이 왜, 어떻게 상처가 되는지 설명해 줄 수 있어요. 아시아 사람들이 수학과 과학에만 뛰어나다는 고정 관념을 그들이 어떻게 가지게 됐는지 알려 주는 기사나 동영상을 보내 줘도 좋아요. 아니면 친구에게 전화로 말해 줄 수도 있어요. 먼저 어떤 말을 들었다고 운을 떼세요. 그다음 그 친구가 잘못된 정보를 퍼트린 뒤 고정 관념을 가지고 아시아계 친구를 다른 친구들과 구분하려 해서 신경 쓰였다고 알려 줄 수 있지요.

콜인은 문제 있는 행동을 바꾸는 좋은 방법일 수 있어요. 조심스럽게 접근하면 상대방은 여러분이 하는 말을 더욱 잘 들으려 할 거예요. 이 방법을 쓰려면 배려하는 마음이 있어야 하고 시간도 어느 정도 투자해야 해요.

이와 달리 콜아웃하는 쪽을 선택한다면 주변에 있는 많은 사람을 염두에 둬야 해요. 앞서 한 말과 행동을 다른 사람들이 모두 듣고 보는 자리에서 해야 하기 때문이에요.

위험이 크긴 하지만 콜아웃도 효과가 좋은 방법일 수 있어요. 공개적인 장소에서 크고 강한 목소리와 행동으로 사람들의 눈을 집중시킬 수 있기 때문이에요. 여러분의 말을 듣고 관련 있는 사람이 여러 명으로 늘어나면서 책임감이 더 커질 수 있으니 신중하게 콜아웃해야 해요.

콜인과 콜아웃은 여러분도 당할 수 있어요. 콜아웃을 당한다면 스스로를 지키기 위해 곧장 발끈하거나 흥분하지 마세요. 그보다는 상대방이 한 말을 곰곰이 생각해 보며 가만히 들어 주세요. 그런 말을 해 줘서 감사하고 잘 귀담아 들었다고 알려 주세요. 콜인이나 콜아웃을 스스로 학습하고 대화의 물꼬를 트며 더 깊이 파고드는 기회로 활용하세요. 이 방법으로 여러분 모두 배움을 얻어 앞으로 나아갈 수 있어요. 미국인 시인이자 가수 겸 민권 운동가인 마야 앤절루는 이렇게 말했어요.

"잘 알면 더 잘 행동할 수 있어요."

 콜인과 콜아웃 가운데 무엇을 선택하든 여러분은 골치 아픈 일을 겪는 순간을 마주할 거예요. 그 행동을 꼭 해야만 했는지 스스로에게 물을 수도 있어요. 누구나 그렇듯 실수하는 날도 있을 테고요. 여러분이 하는 모든 행동은 배우고 스스로 성장하는 기회로 바뀔 수 있어요. 충분히 잘할 수 있으니 자신감을 가져요!

콜인이나 콜아웃을 하기 전에 공책을 펼치고 다음 질문들을 어떻게 생각하는지 적어 보세요. 여러분이 나아갈 방법을 정하는 데 도움이 될 수 있어요.

– 콜인이나 콜아웃을 한 상황에서 누구에게 권력이 있나요? 여러분이 콜인이나 콜아웃을 하려는 사람인가요? 아니면 당하는 사람인가요?

(여러분에게 권력이나 특권이 있다면 콜인하는 쪽을 고려하세요)

– 콜아웃하려는 대상이 사람인가요, 아니면 제도에서 비롯한 행동인가요?

(대상이 제도나 제도에서 비롯한 행동이라면 콜아웃하세요)

– 콜인이나 콜아웃을 하는 순간, 얼마나 많은 힘과 시간을 쏟을 수 있나요?

(누군가를 바꾸려는 노력에 쏟을 힘이 없거나 마음을 쓸 수 없다면 힘에 부치는 그 일을 함께해 줄 수 있는 사람과 콜인하는 것을 생각해 보세요. 여러분에게 큰 도움이 되어 줄 거예요)

- 문제를 만든 사람이 문제를 일으킨 행동을 바꿀 것 같나요?

(예전에 콜인했던 사람이 같은 행동을 하고 있다면 그때는 콜아웃하세요)

- 콜아웃한 곳에 누가 있나요? 여러분의 행동이 누구를 대표하고 있나요? 자기 자신과 집단 가운데 무엇을 더 중심에 두고 있나요? 그 행동을 콜아웃하면 무슨 일이 일어날까요? 그 사람을 콜인하면 무슨 일이 일어날까요?

- 콜인이나 콜아웃을 통해 무엇을 이루고 싶은가요?

문을 열고 나아가기

인종 차별에 맞서 뭉쳐요.

문을 열고 나아가기

15 특권 이용하기

**이제 여러분은 세상을 보는 눈이 달라졌고
깊이 생각할 수 있어요. 계획이 있고 행동할 각오도
갖췄지만 이걸로 끝이 아니에요.
자신에게, 서로에게 책임을 다해야 해요.**

다른 사람과 어떻게 연대할 수 있을까요? 어떤 방법을 써야 할까요? 여러분에게 있는 다양한 모습을 한자리에 모두 꺼내 보세요. 다양한 사회 정체성, 주도권, 우월함과 특권, 경험을 비롯해 자신이 어떤 사람인지 솔직하게 보여 주면서 많은 사람과 함께할 수 있어요.

어떤 한 사람에게 있는 모습을 종합적으로 바라보는 눈은 아주 중요해요. 그러다 보면 여러분에게 있는 사회 정체성을 발견하는 순간이 있을 거예요. 여러분의 정체성으로 상대의 부족한 부분을 채워 주는 순간도 생길 거예요. 때때로 여러분에게 있는 특권을 이용해 상대를 도와주거나 상대의 특권으로 도움을 받는 경우도 있어요. 다른 한편으로는 정체성이 서로 비슷해서 여러분과 상대가 어떻게 다른지 작은 차이를 살펴 구분해 줘야 할 때도 있어요.

나는 스스로 어떤 사람인지 분명하게 잘 알고 있어요. 내 안에 있는 여러 모습이 어떻게 하나로 합쳐져 어떤 사람으로 사회에 비치는지 지금도 알아 가고 있어요. 내게 있는 여러 모습은 지배 문화의 기준에 맞는 부분도 있어요. 지배 문화에 있는 사람들은 내 밝은 피부색에서 편안함과 동질감을 느껴요. 나의 굵은 곱슬머리와 밝은 갈색 피부를 보고 낯설게 여기지 않아요. 게다가 나는 **아프리카계**

미국인이 사용하는 사투리 영어(AAVE)를 쓰지 않아서 더 열린 마음으로 내 말에 귀 기울여 줘요. 이런 부분이 내 모습에서 백인에 가까운 특성이에요. 이러한 특성 덕분에 나는 목소리를 크게 낼 수 있는 힘이 있어요. 이런 특권과 힘이 있으면서도 행동하지 않으면 지배 문화에 힘을 실어 줄 뿐이에요. 또 인종 차별이 세상에서 계속 뿌리내리도록 내버려 두는 일이기도 해요. 여러분은 특권이 있다면 어떻게 하겠나요? 모른 척 가만히 있겠나요. 세상이 달라질 수 있도록 움직이겠나요?

> **"자신에게 있는 특권을 이용하세요."**

나는 내게 있는 지배 문화의 특성을 인종 차별에 맞서는 힘으로 쓰고 있어요. 잘 이용하면 나에게 열린 문을 차별받는 사람들 쪽으로 열어 놓을 수 있어요. 여러분도 할 수 있는 일이에요. 특히 지배 문화의 기준에 맞는 친구라면 더더욱요. 흑인 페미니스트이자 인종 정의 운동가인 브리타니 팩넷이 **"자신에게 있는 특권을 이용하세요."** 라고 한 말을 기억하세요.

주어진 특권을 이용하는 것은 정상이라고 여겨 온 사람들의 생각에 변화를 가져오는 행동이기도 해요. 팩넷은 이렇게 말했어요. "사람들에게 알려지지 않은 문

제를 SNS로 널리 퍼트리는 것은 행동을 시작하기에 좋은 방법이에요. 이보다 더 특권을 충분히 이용했다는 생각이 드는 순간이 있어요. 이때야말로 더 적극적으로 활용해야 할 때라는 신호입니다!"

시스 남성은 트랜스젠더와 여성에게 있는 수많은 정체성을 지지하는 목소리를 더욱 널리 퍼트릴 수 있어요.

경제적으로 여유 있는 사람이라면 가난한 사람들에게 자원을 다시 나누면서 이런 상황을 널리 알릴 수 있어요.

백인이라면 글로벌 다수자의 목소리를 다른 사람들에게 들려주고 중심에서 옆으로 물러나 주도권을 양보할 수 있어요. 또 진심으로 그들의 말을 귀 기울여 들어주는 방법으로 특권을 사용할 수도 있지요.

콜인이나 콜아웃를 당했을 때 지적을 받은 자신을 지키려고만 하며 자기 의견만 중심에 놓는 행동은 인종주의를 편드는 행동이에요.

지배 문화의 기준에 맞지 않는 사람들이 하는 이야기에 귀를 기울이고 배움의 기회로 삼으세요.

다른 사람들과 연대하고 협력하세요.

누군가를 구원하거나 베푼다는 함정에 빠지지 않도록 유의하세요.

흑인과 황인, 토착민은 구해 줘야 할 사람들이 아니에요.

우리 모두를 위해 인종주의는 뿌리 뽑혀야 해요.

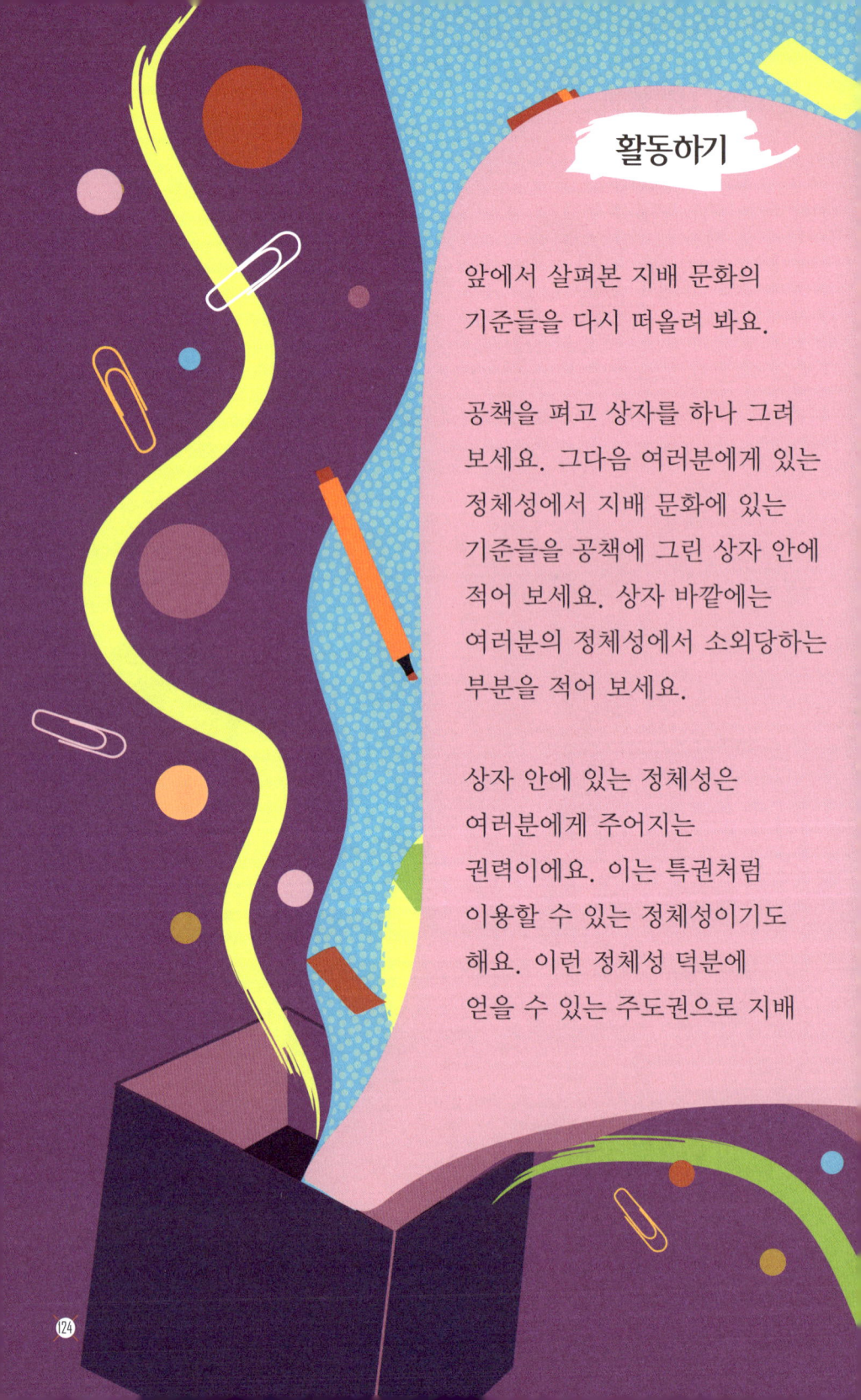

활동하기

앞에서 살펴본 지배 문화의 기준들을 다시 떠올려 봐요.

공책을 펴고 상자를 하나 그려 보세요. 그다음 여러분에게 있는 정체성에서 지배 문화에 있는 기준들을 공책에 그린 상자 안에 적어 보세요. 상자 바깥에는 여러분의 정체성에서 소외당하는 부분을 적어 보세요.

상자 안에 있는 정체성은 여러분에게 주어지는 권력이에요. 이는 특권처럼 이용할 수 있는 정체성이기도 해요. 이런 정체성 덕분에 얻을 수 있는 주도권으로 지배

문화의 바깥에 있는 사람들과 함께하세요.

상자 바깥에 적어 둔 정체성은 소외당하는 부분이에요. 세상에서 억눌려 온 정체성이기도 하지요. 이 부분에서는 특권과 권력이 없지만 경험과 지식이 있어요. 여러분이 가진 경험과 지식을 세상과 더 많은 사람에게 널리 알릴 수만 있다면 놀라운 일이 일어나요. 주도권을 가진 사람들과 함께해 강한 힘을 낼 수 있어요.

문을 열고 나아가기

16

협력자 되기

여러분은 왜 인종으로 차별하는 상황이 오늘날 생겼는지 배경을 볼 줄 알아야 해요. 앞에서부터 차분히 책을 읽어 본 친구라면 인종주의가 어떻게 만들어졌는지, 왜 아직도 이러한 인종주의 속에 갇혀 있는지 알았을 거예요. 이제 인종주의에 물든 사람들의 생각을 바꿔 줄 단계예요. 여러분은 차별을 반대하는 사회를 위해 다른 사람들과 협력할 준비가 되어 있나요? 그렇다면 앞으로 어떤 역할을 맡아야 할지 고민해야 해요. 연대하는 사람들을 가리키는 용어는 아주 다양해요. 동맹자, **공모**자, 동반자, 협력자, 공범자 등이 있어요. 이 말들에 있는 뜻은 조금씩 달라요. 이 가운데 나는 '공모자와 공범자'라는 표현을 좋아해요. 이 말들을 사용하면 인종 차별 반대를 실천하는 과정에서 위험을 무릅쓰겠다고 스스로 마음을 다잡을 수 있거든요. 이 책에서는 조금 순한 '협력자'라는 말로 표현할 거예요.

차별에 맞서 행동하기 전 잠시 멈추고 깊이 생각하는 시간을 가져 보세요. 여러분이 할 수 있는 일에는 무엇이 있을까요? 어떻게 협력자가 될 수 있을까요? 지금까지 내가 실천해 온 방법을 몇 가지 소개할게요.

- 인종 차별에는 화를 내세요. 세상의 차별은 모두를 해롭게 해요.
- 계속 배우세요. 무엇이든 끊임없이 배우다 보면 도움을 줄 수 있어요.
- 여러분이 하는 활동에서 여러분과 가족이 어떤 영향을 줄 수 있는지 찾아보세요. 영국인 작가인 레니 에도로지(Reni Eddo-Lodge)는 "백인들이여, 백인들과 인종을 주제로 대화를 나누라."라는 글을 썼어요. 이는 활동하는 사람이 어떤 영향을 줄 수 있는지 알려 주는 말이라고 할 수 있어요. 캘리포니아에서 교사로 일하는 백인 친구 케이티(Katie)는 백인 중심의 잘못된 문화를 알리겠다는 목적으로 다른 백인 성인들 및 아이들과 함께 워크숍과 수업을 해요. 백인이 나에게 질문하면 케이티는 나 대신 그 사람과 대화하는 역할을 맡아요. 사소해 보이는 이 일이 어떤 영향을 주는지 우리 모두 잘 알고 있어요. 백인인 친구가 하는 말을 귀담아들을 가능성이 높다는 것을요. 여러분이 BIPoC라면 자신이 특권을 누릴 수 있는 부분을 찾아보세요.
- 글로벌 다수자의 목소리에 귀 기울여 그들의 이야기를 들어주세요. 책, 영화, 텔레비전에 그들의 이야기가 조금씩 나오고 있지만 알려지는 속도가 빠르지 않아요. 어린이 또는 청소년 신간에서 글로벌 다수자가 저자인 비율은 전체의 7% 정도예요. 따라서 여러분이 앞장서 황인과 흑인, 토착민의 이야기를 담은 책에 관심을 가져 주세요.[31] 흑인, 토착민, 아시아인, 라틴계 사람들은 여전히 영화에서 주인공으로 만나 보기 어려워요. 또 영화와 텔레비전 프로그램에서 대사가 있는 배역은 대부분 백인 배우들에게 돌아가요.[32] 여러분은 흑인과 황인을 긍정적으로 묘사한 BIPoC 감독의 영화를 찾아 관람하고 글로벌 다수자인 배우들에게 찬사를 보내 주세요.
- BIPoC의 활동에 함께하세요. 글로벌 다수자들을 돕는 단체에 돈과 시간을

기부해도 좋아요. 흑인이나 황인이 운영하는 사업체에서 미술품, 음식, 옷 같은 상품을 구매해 그들의 활동을 지지할 수도 있어요.
- 경찰의 부당하고 잔혹한 행동에 맞서요. 흑인과 황인이 경찰에게 해를 입는 일이 생기면 지역 시위와 집회에 참여하세요. 가족, 친구, 선생님, 반 친구들을 데려가세요. 사람들이 한데 모이면 숫자가 주는 힘과 영향력이 강해져요. 협력자들과 함께 권력을 가진 사람들을 콜아웃하세요.
- 인종을 차별하는 말과 행동, 분위기를 집어내세요. 언제나 따져 보는 시선을 거두지 마세요.
- 공개적인 자리에서 목소리를 내세요. 보이지 않는 차별을 받는 것 같다면 질문하세요. 누군가 "당신은 뭐예요?"라고 묻는다면 "왜 알아야 하죠?"라던가, "묻고 싶은 게 뭔가요?" 또는 "누가 당신한테 뭐냐고 물어보면 좋겠어요?"라고 말해 주세요. 그런 사람에게 콜인하세요.
- 누군가 "황인 여자아이치고 상당히 귀엽네."라는 말을 한다면, "당신은 사람을 인종으로 가려 보는군요. 당신에게 유럽 중심의 미를 보는 눈이 있다고 해서 다른 사람들에게도 그 잣대를 들이대야 하는 건 아니에요. 그런 말은 속으로 혼자 생각하고 더 나은 행동을 보여 주세요."와 같은 말로 받아넘기세요.
- 누군가 사람들에게 '불법 체류자'라고 말하는 소리가 들리면 "불법인 사람은 없어요."라고 말해 주세요.
- 학교 선생님이나 도서관 사서가 저자와 등장인물이 백인인 책만 줄곧 이야기한다면 지금까지 이 책에서 읽은 내용을 알려 주세요. 지배 문화에 해당하는 한쪽으로 치우친 목소리와 시선은 옳지 못하다고요. 또 다양한 모습을 보지 못하게 막을뿐더러, 누군가 하찮은 존재라는 말과 다름없다고 일깨워 주세요. 잘못된 생각과 시선은 반드시 달라져야 한다고 외치세요.
- 누군가 "전 인종주의자는 아니지만……."이라고 운을 뗀다면 끼어들기의 힘으로 말을 자르세요. 차별하는 말들이 이어질 테니까요.
- 학교에서는 인종주의에서 비롯한 집단 따돌림 사건이 늘고 있어요. 주변에 차별하는 말이 들리는지, 괴롭힘이 눈에 보이는지 잘 살펴보세요. 선생님, 상담 선생님, 교장 선생님, 부모님, 믿을 수 있는 어른에게 알리면 여러분을 도와줄 거예요. 괴롭힘을 당하는 사람을 잘 살펴보세요. 혼자 있지 않

도록 점심을 같이 먹자고 하거나 교실까지 함께 걸어가자고 먼저 물어봐 주세요.
- 흑인과 황인, 토착민의 문화와 예술 작품에 관심을 가지세요. 차별에 맞서는 목적으로 널리 알리되, 잘못된 방향으로 쓰지 않도록 주의하세요.
- 반이민 정서를 나타내는 행동에 맞서요. 학교에서 어떤 친구나 친구의 가족들이 "예전의 나라로 돌아갔으면 좋겠다."라거나 "나라를 다시 위대하게 만들었으면 좋겠다."라는 식으로 말한다면 그들이 드러내는 인종주의를 콜아웃해 반대하세요.
- 여러분이 어떤 장소에서, 어떤 자리에 있는지 의식하세요. 글로벌 다수자는 이야깃거리가 되고 점점 밀려나는 일을 겪어요. 여러분이 BIPoC라면 원하는 자리에 당당히 앉으세요. 흑인과 황인 친구를 데리고 줄의 맨 앞으로 가서 서세요. 여러분이 백인이라면 중심에서 옆으로 물러나세요. 언제나 자신에게 주어진 곳을 계속해서 차지하지 않아야 하는 이유를 다른 백인들에게도 알려 주세요. 그리고 함께 옆으로 물러날 수 있도록 이끌어 주세요. 입을 떼기 전에 한 박자 쉬는 방법도 있어요. 세상은 백인의 목소리와 이야기를 듣는 데 익숙해요.
- 글로벌 다수자가 세상에서 어떤 상황에 있는지 살펴 주세요. 나라는 존재를 반겨 주지 않는 사회에서 살아가는 것은 지치는 일이에요.

사람들과 협력하는 일은 아주 중요해요. 방송 진행자 겸 작가인 수단계 호주인 야스민 압델마지드(Yassmin Abdel-Magied)는 "친구 가운데 황인이나 흑인이나 여자가 있다고 필요에 따라 협력했다, 안 했다, 할 수 없어요. 언제나 협력하고 있어야 한다는 걸 명심하세요."라고 했어요. 협력한 뒤 골치 아픈 순간도 있고 실수하는 순간도 있을 거예요. 실수했을 때나 협력이 흔들리는 순간이 왔을 때, 그 사실을 받아들이고 더 나은 협력 관계를 위해 고민해야 해요. 여러분의 행동이 가져올 영향이 관계를 오래도록 이어지게 할 수 있어요.

협력하는 일은 여러분 한 사람의 만족을 위한 일이 아니에요. 누군가에게 보여 주려는 쇼도 아니고 SNS에 "좋아요"를 늘리려는 행동도 아니에요. 더욱 정의롭고 평등한 사회를 이루기 위해 여러분이 많은 사람과 함께하는 노력이에요.

이게 내가 지금까지 실천하는 방법이에요. 하지만 협력이 망설여지거나 여러분 스스로 흔들린다면 어떻게 해야 할까요? 그럴 때는 여러분을 흔드는 이야기를 듣지 않도록 스스로에게 끼어들기를 해요. 활용하는 방법을 한 가지 알려 주자면 사람들이 하는 말보다 내가 하려는 말이 더 중요하다고 생각하는 거예요. 사회에서는 내가 밝은 피부를 가졌고 대학 교육을 받았기 때문에 다른 사람들보다 우월하다고 생각하도록 나를 길들여 왔어요. 나는 우월한 존재가 아니에요. 따라서 언제나 다른 사람들의 이야기에 자신을 중심에 놓지 않으려고 노력해요. 강한 협력을 이루려면 BIPoC가 하는 말을 귀담아들어야 해요. 사람들은 각자 하려는 이야기와 나누고 싶은 관점이 달라요. 이 방법을 통해 인종 차별이 모

두의 삶에 미치는 영향을 더 깊이 이해할 수 있어요.

지금까지 살펴본 내용들은 글로벌 다수자가 백인을 대상으로 억압을 가르치는 내용이 아니에요. 세상이 달라질 수 있도록 적극적으로 행동하게 하는 방법이에요.

활동하기

여러분 스스로에게 다음과 같은 질문을 해 보세요.

누구의 말을 귀담아들을 건가요?

무엇을 귀담아들을 건가요?

언제 귀담아듣고 언제 끼어들 건가요?

상대방의 말을 제대로, 진심으로 듣기 위해서 어떻게 귀담아들을 건가요?

문을 열고 나아가기

17

관계 맺기

인종 차별 반대는 아주 중요한 일이에요. 아주 오래전 조상들이 시작한 일을 여러분이 맡았고 여러분이 남기는 일은 다음 세대가 이어받을 거예요. 여러분도 적극적으로 인종 차별을 무너트리는 일에 힘쓰면서 자신과 글로벌 다수자를 존중해야 해요. 그래야만 정의롭고 오래가는 평생의 신뢰 관계를 세울 수 있어요.

오랜 시간 동안 나는 아주 느릿느릿 바뀌는 세상과 제도에 반인종주의 정체성을 심어 주려고 끊임없이 노력했어요. 이 일을 혼자서 해 보겠다고 고군분투하기도 했지요. 엄청난 시간과 힘, 지식과 자원을 아무런 대가도 받지 않고 쏟아부었어요. 시간이 흐르면서 나는 지쳐 갔고 바뀌지 않는 세상에 좌절했고 분노했으며 포기하기 일보 직전에 이르렀어요.

그러다 '내 사람들'을 만났어요. 얼마나 다행이었는지 몰라요. 학교에서 차별 반대에 중점을 두고 비슷한 활동을 하는 사람들과 인연을 맺었어요. '내 사람들'은 정의를 향한 나의 비전을 믿어 주고 나눌 수 있는 사람들이에요. 나에게 도전의식을 북돋아 주거나 든든한 지원군이 되어 주면서 더 나은 사람이 될 수 있도록 도와주기도 해요. 언제나 내 자리를 비워 놓고 나를 맞아 줄 사람들이에요.

우리는 각자가 맡은 역할과 활동으로 금세 가까워졌어요. 또 인종 차별 반대에 관한 신념을 서로 공감하며 함께 나눌 수 있는 사람을 더 만나고 싶어 했어요.

여러분도 여러분의 사람들을 찾으세요.

**굳게 믿을 수 있는 관계를 맺으려면
시간이 필요해요.**

모두와 친구가 되어야 한다는 말이 아니에요. 자신과 통하는 사람들과 평등하고 바른 관계를 맺는 일에 노력을 기울이라는 뜻이에요.

여러분에게 있는 특권 이해하기

　여러분은 교차성을 통해 사회 정체성이 같을지라도 인간은 모두 다르고 경험 또한 제각각이라는 사실을 잘 알아요. 나는 흑인 이중 인종 시스젠더 여성으로 스스로를 잘 알고 있어요. 이 세상에 흑인 이중 인종이면서 시스젠더인 여성은 나 말고도 아주 많아요. 정체성으로는 모두 같은 꼬리표를 달고 있지만 살아온 경험으로는 나와 비슷한 사람도 있고 아닌 사람도 있을 거예요.

　초등학교와 중학교 시절 내내 나는 쌍둥이 언니와 함께 '영재반'에서 공부했어요. 같이 들어간 영재반에서 우리는 좀 더 탐구하는 방법을 배울 수 있었어요. 우리는 백인 엄마와 백인 가족이라는 울타리에서 자랐어요. 세상은 우리를 백인에 가까운 사람으로 봤어요. 내 밝은 피부색을 본 선생님들은 내가 피부색이 어두운 친구들보다 더 뛰어나다고 여겼어요. 그 사실은 나를 향한 기대치를 더 높이 잡는다거나 나에게 대학 진학을 권하는 모습에서 잘 드러났어요. 같은 반의 흑인이나 황인 친구들은 대부분 문제아로 취급받았고 군대 입대나 직업 기술반에 들어가라는 권유를 받았어요.

　백인에 가까운 특성 덕분에 나는 지배 문화의 영역을 자유롭게 드나들며 특권을 누렸어요. 어떻게 보면 백인들의 기준에 맞아서 받아들여질 수 있었던 사람이기도 하고요. 이 덕분에 학교를 졸업한 다음에도 더 많은 기회를 얻을 수 있었어요. 이민자 뿌리를 가진 서민 가정에서 자란 우리 자매는 대학에 진학할 수 있었고 둘 다 좋아하는 직업도 가질 수 있었어요.

　지배 문화의 기준에 가까운 나는 경찰에게 부당한 이유로 조사받을 걱정 없이 운전할 수 있어요. 미등이 고장 난 차를 타고 가다가 경찰의 지시를 받아 차를 길 한쪽에 대고 검문을 받던 필랜도 캐스타일(Philando Castile)처럼 경찰관에게 목숨을 잃을 걱정이 없어요. 또 깜박이를 넣지 않고 차선을 바꾸었다는 이유로 경찰과 실랑이하다 감옥에 들어간 샌드라 블랜드(Sandra Bland)와 같은 일을 걱정하지 않아도 돼요. 내게 있는 특권으로 사람들은 나에게 믿음을 보낼 가능성이 더 커요. 다른 사람보다 특별한 부분은 전혀 없지만 피부색이 좀 더 밝다는 이유만으로요.

특권은 평소에는 크게 의식하지 않는 부분이에요. 스스로의 모습에 전체적으로 관심을 두고 꼼꼼히 살펴본 다음에야 눈에 들어오는 경우가 많아요. 특권을 알아채지 못하는 이유는 무엇일까요? 지배 문화에서 세운 정상이라고 여기는 정체성이 흔하기 때문이에요. 여러분은 자신에게 있는 다양한 정체성을 두루 살피면서 어떤 특권이 있는지 적극적으로 알아 가야 해요.

활동하기

계속해서 공책에 여러분의 생각을 적어 보세요. 여러분은 앞으로 이런 생각을 할 거예요.

지금까지 여러 차례 사회 정체성을 살펴봤어요. 그리고 어떤 정체성에서 특권과 권력이 있는지 알고 있어요.

여러분에게 있는 특권은 무엇인가요?
백인이라면 언제나 인종에 따른 차별을 걱정하지 않아도 돼요. 시스젠더라면 어느 쪽 화장실을 써야 할지 사람들의 시선을 걱정할 필요가 없어요. 자신이 살고 있는 나라의 시민이라면 경찰에 부당하게 끌려갈까 봐 불안해하지 않아도 돼요. 차별을 무너트리는 데 이러한 특권을 어떻게 이용할 수 있을까요?

여러분은 이미 자리 잡힌 고정 관념에 틈을 만들기 위해 무엇을 포기할 수 있나요? (명심하세요. 지배 문화의 바깥에 있다고 여기는 사람들도 다양한 정체성에서 비롯하는 주도권을 가질 수 있답니다)

문을 열고 나아가기

18

자기 자신 사랑하기

여러분은 현재의 모습과 앞으로 성장할 모습을 있는 그대로 받아들이세요. 자기 자신과 주변 사람들을 사랑해 주세요.

자신이 어떤 사람인지, 인종 차별에 맞서는 일에 어떤 역할로, 어떻게 도움을 줄 수 있을지 알아 가는 시간이 필요해요. 이 역할은 계속해서 바뀔 거예요. 역할은 물론, 여러분도 마찬가지로 달라질 테고요.

나는 지금까지 스스로가 어떤 사람인지 이해하며 살아왔어요. 내 피부색은 달라지지 않았지만 피부색을 바라보는 내 눈이나 시선은 계속 달라졌어요. 더불어 식민지의 후손이면서 피식민지의 후손이라는 내 정체성의 역사가 스스로에게 어떤 영향을 주었는지 바라보는 눈과 생각도 달라졌어요.

다른 사람들과 연대하고 행동하는 방법을 더 많이 배워 가면서 내가 어떤 역할을 맡아야 할지 자세히 알 수 있었어요. 직접 활동할 수 있도록 준비되어 있던 순간이야말로 스스로를 칭찬하는 부분이에요. 제임스 볼드윈(James Baldwin)은 자신의 저서 《단지 흑인이라서, 다른 이유는 없다(The Fire Next Time)》에서 이렇게 말했어요.

"자신의 역사라 할 수 있는 과거를 받아들이는 것은 그 속에 갇혀 죽으라는 뜻이 아니야. 자신의 과거를 이용하는 법을 배우는 거란다. 다만 지어낸 과거는 절대로 이용할 수 없어. 압박을 받으면 가뭄철 흙처럼 쩍쩍 갈라져 힘없이 바스러지거든."

여러분은 과거를 있는 그대로 받아들여야 해요. 또 여러분을 길들이려는 사회를 그대로 따르지 말아야 해요. 사람들은 일방적인 틀에 여러분을 맞춰 넣으려고 애쓸 거예요. 또 여러분이 너무 어려서 세상을 바꿀 수 없다고, 좋은 성적을 받아 대학교에 진학하는 일에만 집중해야 한다고 말할 거예요. 잠자코 있으라고, 여러분이 내는 목소리는 중요하지 않다고 말할지도 몰라요. 그런 말은 귀담아듣지 마세요. 여러분 자신을 믿으세요.

자기 자신을 사랑해 주고 여러분에게 있을 분명한 한계를 정해 놓으세요. 싫다고 말해도 괜찮아요. 여러분은 스스로를 안전하게 지켜야 해요. 여러분은 자신의 힘을 잘 알고 있어요. 때때로 재충전할 시간이나 기운을 북돋아 주는 사람들이 곁에 필요할지도 몰라요. 인종 차별에 반대하는 활동은 아주 고된 일이기 때문이에요. 수백 년 동안 이어져 온 규범에 끊임없이 맞서야 하기 때문이기도 하고요.

여러분은 세상에 오래 존재하지 않았어요. 그럼에도 인종 차별 반대라는 엄청난 활동에 발을 들여야 해요! 이런 어마어마한 일을 하려면 무엇보다 여러분 스스로를 잘 돌보아야 해요. 물을 자주 마시고 건강한 음식을 먹어요. 충분한 시간 동안 잠을 자세요. 좋은 책을 읽고 정신을 살찌우세요. 야외 활동을 하세요. 가족, 친구와 함께 즐거운 시간을 보내세요. 자신을 칭찬해 주세요.

내 사람들은 내가 어떤 모습이든 존중해 줘요. 마찬가지로 나도 그들을 아낌없이 칭찬하며 존중해요.

우리는 함께 일궈 낸 성과에 자부심을 느끼고 서로를 지원해 줘요. 또 서로를 통해 배움을 얻어요. 틈날 때마다 즐거움을 찾고 함께 춤추기도 하며 서로를 사랑해 줘요. 이게 바로 우리가 연대하며 저항하는 방법이에요.

활동하기

지금까지 읽은 내용을 잘 생각하면서 글을 적어 보세요.

여러분은 어떤 사람인가요? **여러분이 칭찬할 스스로의 모습은 무엇인가요?**

여러분은 누구를 칭찬할 건가요?

여러분에게 있는 한계는 어떻게 정할 수 있나요?

나는 누굴까?

문을 열고 나아가기

19

실수에서 성장하기

**'실수'라는 틀에 갇히지 마세요.
사람들은 누구나 완벽히 또는 제대로 해내지 않아요.
지금도 배우고 있어요. 그리고 앞으로도 계속 배울 거예요.**

나는 콜인보다 콜아웃을 더 많이 하는 편이에요. 하지만 콜인과 콜아웃이라는 행동이 다른 사람들과 관계를 맺는 과정에서 방해될 때가 있어요. 제도가 아니라 사람을 비판할 때 특히 그렇답니다. 다음 이야기에서 내가 친구에게 콜아웃으로 어떻게 실수했는지 함께 살펴보도록 해요.

한번은 여러 사람이 보는 곳에서 백인 남자인 친구에게 "너는 백인이면서 남자이기 때문에 사회는 네 말을 더 귀담아듣는 거야."라고 말한 적이 있어요. 사실이었지만 그 순간에, 그 장소에서 그렇게 말할 필요는 없었어요. 그 친구를 배려해 조심스럽게 할 수 있었던 이야기였고요.

몇 년째 알고 지낸 사이였던 그 친구는 글로벌 다수자에게 훌륭한 협력자가 되어 주려고 노력했어요. 내가 그렇게 콜아웃을 하자 방어적인 태도를 보인 친구와는 대화가 끊어지고 말았어요. 그 친구와 그렇게 끝나지 않았더라면 유색인 여성보다 백인 남성을 신뢰하는 사회에서 더 효과적으로 행동했을지도 몰라요. 협력자로서 그 친구와 행동할 방법을 함께 고민하며 훨씬 더 좋은 시간을 보냈을 테니까요.

지배 문화에 있는 친구의 위치에서 낼 수 있는 목소리와 친구에게 있는 권력은 글로벌 다수자의 권리를 널리 알릴 좋은 방법이었어요. 신중하지 못한 그 콜아웃으로 나와 친구의 연대는 멈추고 말았어요. 권력과 특권에 거리끼지 않고 대화를 나눌 수도 없었지요.

나는 인종 차별 반대라는 문제가 백인의 기준과 편안함에 맞춰져야 한다고 생각하지 않아요.

우리는 불편함에서 성장해요.

내 행동이 어떤 영향을 가져올지 살펴보는 일은 아주 중요해요. 내가 친구를 콜아웃한 까닭은 목소리를 내서 주변에 변화를 일으키려는 목적이었어요. 신중하지 못한 콜아웃의 영향으로 우리가 다시 신뢰를 쌓기까지는 아주 오랜 시간이 걸려야 했어요. 서로 힘을 합쳐 지배 문화의 백인, 남성이라는 기준이 서열 맨 위에 있는 세상을 바꾸지 못했어요.

실수했을 때는 사과하세요. 사람들은 사과하기를 망설여요. 고집이 세기도 해서 스스로 잘못하고도 인정하지 않을 때가 있어요. 지배 문화에서는 실수하는 사람이 사회에서 약자가 된다고 가르치기도 해요. 이건 전혀 사실이 아니에요. 누구나 실수해요. 그리고 실수를 통해 배움을 얻어 더 나은 사람이 될 수 있어요.

선한 의도였다 해도, 실수로 생긴 영향은 오래가는 데다 다른 사람들에게까지 영향을 미친다는 점을 명심하세요. 누군가 여러분에게 콜인이나 콜아웃을 하면 귀 기울여 들어 주세요. 실수한 순간에서 배우세요. 다시 실수하지 않도록 노력하되, 실수라는 벽에 갇혀 해야 할 일을 포기하지 마세요.

활동하기

여러분이 저지른 **실수를 인정하고** 실수에서 성장하는 시간을 가져 보도록 해요.

앞장서서 목소리를 내기로 했을 때 여러분이 저지른 실수는 무엇인가요? 혹시 목소리를 내지 않은 것이 실수였나요?

다음번에 비슷한 상황에 처한다면 그때와 어떻게 다르게 행동할 수 있을까요?

문을 열고 나아가기

20

자유를 향해 나아가기

> "나를 도우러 여기까지 온 거라면 시간 낭비하는 거요. 당신의 해방이 나의 해방과 하나로 묶여 있어서 찾아온 거라면 힘을 합쳐 봅시다."
> - 릴라 왓슨(Lilla Watson), 호주 원주민 예술가, 인권 운동가, 학자

반인종주의를 통해 우리는 세상에서 자유로워질 수 있어요. 인종 차별이 사라지면 두려움, 판단, 처벌에서 벗어나 마음껏 사랑과 기쁨을 표현할 수 있어요. 또 모두를 위한 제도와 배려가 생겨나요. 세상은 더 이상 지배 문화에 있는 사람들만을 위한 것이 아니에요. 지배 문화의 바깥에 있는 여러분이 여러분을 위한 제도를 만들고 평등을 누리는 순간, 모두가 자유로워질 거예요.

인종주의는 사람들의 안에 아주 깊숙이 자리하고 있어요. 여러분의 주변 모든 곳에 퍼져 있기에 끊임없이 깨어 있어야 차별이라는 짙은 안개에 먹히지 않아요. 인종주의에 물든 세상에 얌전히 머물러 있기는 정말 쉬워요.

특히 백인과 백인의 특성이 있는 사람들을 위해 마련된 제도에서 혜택을 누리고 있다면요. 더는 손 놓고 가만히 앉아 있지 마세요. 알면서도 해로운 인종주의를 들이마시는 실수를 저지르지 않아야 해요. 이제 여러분은 반인종주의라는 눈으로 세상을 더욱 또렷하게 바라봐야 해요. 그리고 여러분에게는 도움을 주고 기댈 수 있는 협력자가 있어요.

인종주의에 물든 세상은 크고 단단해요. 혼자서는 이 구조를 무너트릴 수 없어요. 여러분도 혼자 힘으로는 무너트리지 못하기에 힘을 합쳐야 해요. 인종 차별에 맞서겠다는 나와 여러분의 목표는 하나라고 할 수 있어요. 지배 문화에 있는 사람들에게 불편함을 일으키면서 여러분은 이미 인종주의 세상에 아주 자그마한 틈을 하나둘씩 만들어 내고 있어요.

스스로에게 있는 사회적 역할이나 특권, 권력이 어느 정도인지 여러분의 이해도는 계속해서 높아질 수 있어요. 어떻게 인종 차별이 전 세계와 지역 사회에 깊숙이 파고들었는지 여러분은 끊임없이 알아 갈 수 있어요. 차별에 맞서는 방법이 다양하게 늘어나고 자신감이 붙으면 여러분은 적극적인 행동으로 옮길 수 있어요. 게다가 다른 사람들과 연대할 준비도 할 수 있어요. 그 과정에서 함께 만들어 가는 놀라운 역사를 모두 써 나갈 수 있어요. 여러분은 세상이라는 거대한 존재를 이루는 중요한 일부임을 꼭 기억해야 해요.

여러분은 모두 인종 차별 반대로 향하는 여러 갈래의 길 위에 있어요. 각각의 길이 언젠가 만나 하나로 합쳐질 때까지 자신의 길을 걸어야 해요. 이 여정을 통해 스스로를 잘 알게 될 거예요. 여러분이 스스로를 잘 안다고 생각하는 순간, 새로운 것을 발견할 수 있어요.

여러분은 모두 다른 사람들이에요. 따라서 걷는 길도 제각각이에요. 이렇듯 다른 사람들임에도 같은 목표를 향하고 있다면 길은 하나로 만날 수 있어요. 각자의 경험과 역사가 다르기에, 여러 갈림길이 하나가 되면 불편할 수도 있어요. 각자가 가진 서로 다른 강점은 동반자라는 단단한 협력을 이루는 과정에서 강한 힘을 보여 준다는 사실이에요.

활동하기

1. **정의를 지키기 위한 여러분의 비전**은 무엇인가요? 오늘날, 인종주의적인 생각이나 제도에서 자유로워진 세상은 어떤 모습, 어떤 느낌, 어떤 상태일까요? 이런 세상을 만들기 위해 여러분이 마음속에 품은 성공할 수 있는 방법은 무엇인가요? 거기서 여러분의 역할은 무엇인가요?

2. 행동하다 지치는 순간이 올 때, 여러분에게 힘을 불어넣어 주는 자신만의 노래나 시, 예술 작품을 하나 마련하세요. 나에게는 밥 말리(Bob Marley)의 노래 〈바빌론 시스템(Babylon System)〉이 그런 역할을 해요. 다음 쪽에서 소개하는 시 〈젊은 반인종주의자(Anti-Racist Youth)〉가 여러분에게 그런 존재가 되어 줄 수 있기를 바라요.

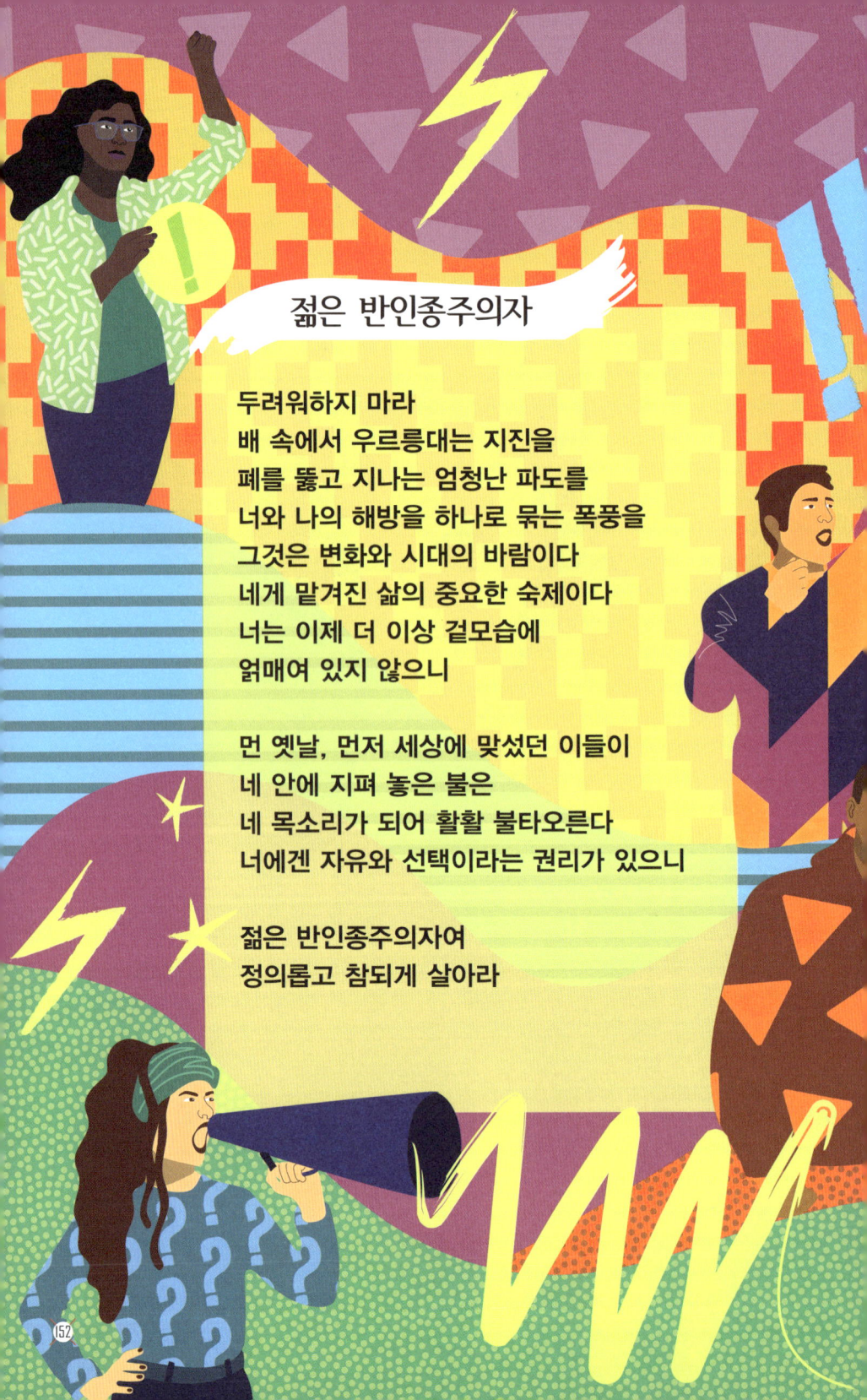

젊은 반인종주의자

두려워하지 마라
배 속에서 우르릉대는 지진을
폐를 뚫고 지나는 엄청난 파도를
너와 나의 해방을 하나로 묶는 폭풍을
그것은 변화와 시대의 바람이다
네게 맡겨진 삶의 중요한 숙제이다
너는 이제 더 이상 겉모습에
얽매여 있지 않으니

먼 옛날, 먼저 세상에 맞섰던 이들이
네 안에 지펴 놓은 불은
네 목소리가 되어 활활 불타오른다
너에겐 자유와 선택이라는 권리가 있으니

젊은 반인종주의자여
정의롭고 참되게 살아라

터져 나올 분노를 두려워하지 마라
모든 감정에는 자리가 있으니
불평등과 억압의 순간도 많으리라
세상에 스스로 굽히고 들어가거나
계속 의심하고 맞서는 쪽을
택할 수 있지
파괴를 두려워하지 마라
틀을 뒤흔들고 예상 못 한 행동을 해라

먼 옛날, 먼저 세상에 맞섰던 이들이
네 안에 지펴 놓은 불은
네 목소리가 되어 활활 불타오른다
너에겐 자유와 선택이라는 권리가 있으니

젊은 반인종주의자여
정의롭고 참되게 살아라

아멜리아 앨런 셔우드(Amelia Allen Sherwood)

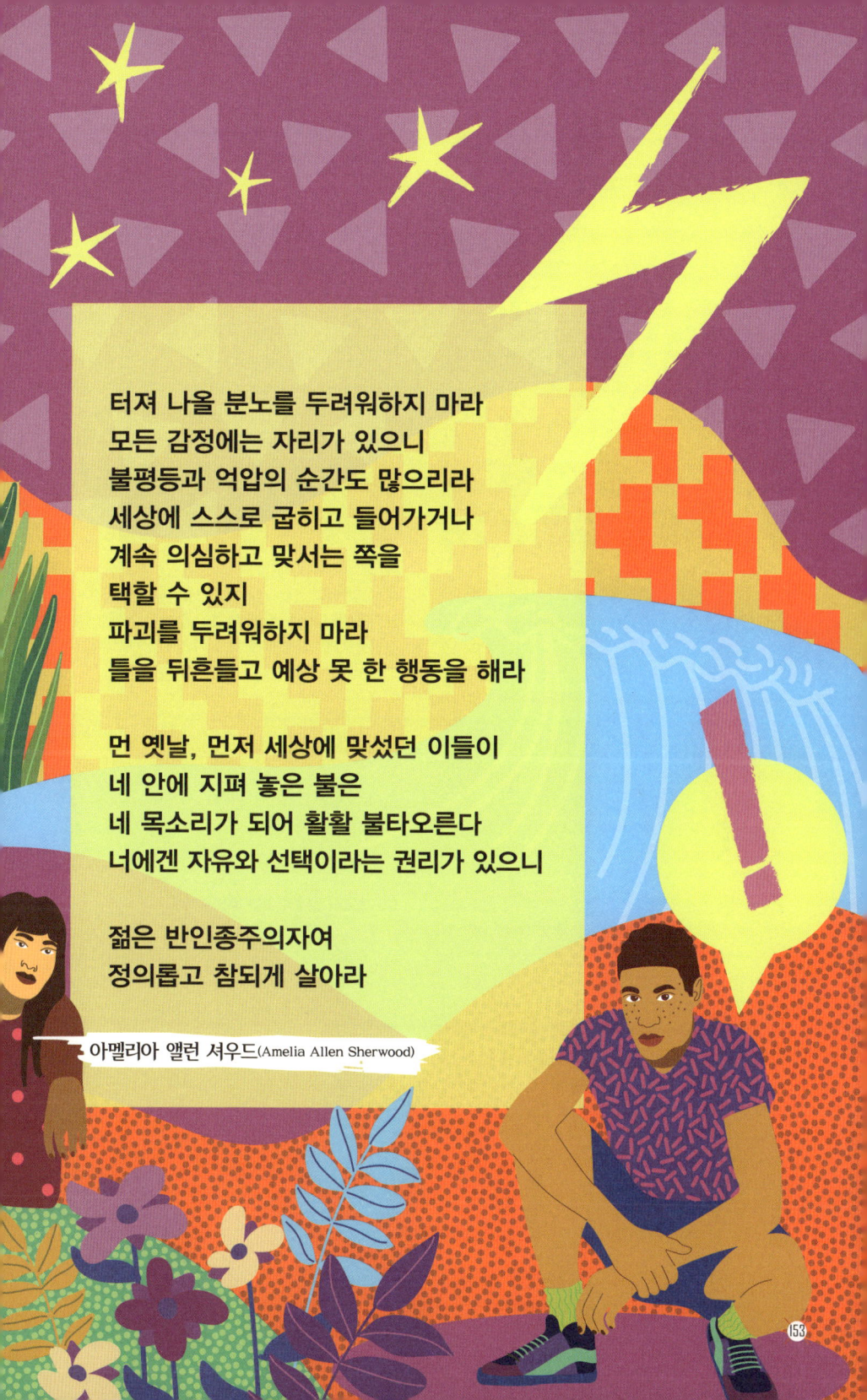

주석

03 인종과 민족성은 무엇일까?

1. 스웨덴의 동물학자 겸 식물학자로, '분류학의 아버지'로 알려진 칼 린네(Carl Linnaeus)는 1735년에 출간된 저서 《자연의 체계(Systema Naturae)》로 잘 알려졌어요. 생물을 종, 속, 과 등으로 자세히 구분하는 그의 동식물 분류 체계는 오늘날에도 쓰이고 있어요. 그는 사람을 동물처럼 체계적으로 구분하는 범주도 만들어 낸 최초의 과학자예요. 지역과 피부색을 중심으로 다섯 가지 범주를 만들었어요. 인종 차별적 성격을 띠는 네 가지 집단에는 '유럽인(Europeanus, 백색)', '아메리카인(Americanus, 홍색)', '아시아인(Asiaticus, 갈색)', '아프리카인(Africanus, 흑색)'이 있으며, 마지막 집단인 '몬스트로수스(Monstrosus)'에는 눈에 띄는 장애를 가진 사람들이 해당해요. 요한 블루멘바흐(Johann Blumenbach)는 린네의 연구를 이어받았어요. 다섯 번째 집단을 추가한 그는 코카서스 지역 사람들이 가장 아름답다고 언급했어요. 이로써 인간의 인종 범주는 '코카서스인(Caucasian)', '말레이시아인(Malaysian)', '에티오피아인(Ethiopian)', '아메리카인(American)', '몽골인(Mongolian)'이 되었어요. 블루멘바흐는 주관적 판단에 따른 겉모습의 아름다움을 기준으로 인종에 서열을 매겼어요. 또한 모든 인간이 완벽한 인간의 경지에 도달할 수 있다고 믿었어요. 이는 세월이 흐르면서 백인에 가까워지고 매력적인 존재가 될 수 있다는 잘못된 믿음으로 점차 굳어지며 세상에 뿌리내렸어요.

2. '라틴계'라는 말도 유럽 중심주의적 색채를 띠고 있다는 점에는 변함이 없어요. 과거 스페인어를 비롯해 라틴어 계열의 언어를 사용하는 집단에게 지배를 받았던 나라 및 지역에 살거나 그곳에 조상이 있는 사람들을 설명할 때 흔히 라틴계가 쓰여요. 라틴계로 설명할 수 있는 인종의 범주는 넓고 다양해요. 그럼에도 이는 아시아인이라는 표현이 아프가니스탄인, 한국인, 예멘인을 포함해 그 사이 지역의 사람들을 모두 아우르는 예처럼 쓰이고 있어요. 나는 식민 지배를 받았던 수많은 토착민의 존재를 인정해 주려고 해요. 타이노족, 퀴컬족, 퀘키족, 사포텍족 등 식민 지배로 존재를 잃어버린 모든 토착민의 이름을 찾아주는 일을 위해 적극적으로 노력하고 있어요.

3. J. Blumenbach, "On the Natural Variety of Mankind"에서 참조, 1795.

4. 흑인 이중 인종이라는 말 외에도 나는 그때그때 다양한 단어로 내 인종 정체성을 설명했어요. 혼혈, 절반은 흑인, 기타, 이중 인종, 복합 인종, '반반' 등으로 표현했지요. 나는 사람을 묘사할 때 쓰는 혼혈이라는 말을 그다지 좋아하지 않아요. 나는 온전한 사람이에요. 그릇에 넣고 마구 섞어 만들어 낸 존재가 아니에요. 학교에서 나눠 주는 설문지에는 인종 항목에서 내가 선택할 수 있는 보기 종류가 몇 개 없었어요. 대개 '흑인, 백인, 아시아인, 아메리카 원주민, 하와이 원주민, 기타'가 전부였어요. 나는 주로 '기타'에 표시했는데, 딱 한 개만 고를 수 있었기 때문이에요. 기타 항목은 어떤 사회 집단에도 속하지 않는 존재 같고 외톨이가 된 기분이 들게 했어요. 그래서 나는 '기타'가 마음에 들지 않았어요. 온전한 존재가 되지 못하기 때문에 나는 스스로를 가리킬 때 무언가의 절반이라는 표현을 썩 좋아하지 않아요. 무언가의 절반밖에 되지 않는다는 것에는 내 온전함을 향한 존중이 빠져 있어요. 따라서 흑인 이중 인종이라는 표현으로 내 인종을 설명하는 것을 좋아해요.

04 개인적 인종주의는 무엇일까?

5. E. N. Winkler, Ph.D, "Children Are Not Colourblind: How Young Children Learn Race", University of Wisconsin-Milwaukee.

05 제도적 인종주의는 무엇일까?

6. "Being Black in the EU/Second European Union Minorities and Discrimination Survey", European Agency for Fundamental Rights, 2018.

7. "Grenfell Tower fire: Who were the victims", BBC News, May 30, 2018.

8. "Khan attacks May on 'inhumane' treatment of Grenfell families", The Guardian, June 9, 2018.

9. "The victims of Grenfell need answers and justice - but even more urgently they need homes", The Independent, June 13, 2018.

10. "Housing market racism persists despite 'fair housing' laws", The Guardian, January 24, 2019.

11. "Black Homeownership Drops to All-Time Low", Wall Street Journal, July 15, 2019.

12. "Flint: On This Day 4 Years Ago, the Water Crisis Started. The Water Is Still Not Safe", The Root, April 25, 2018.

13. "Flint water crisis: Race 'was factor' in authorities' slow and misleading response", The Independent, May 28, 2018.

14. W. Macpherson, "The Stephen Lawrence Inquiry", February, 1999.

15, 30. "The State of Racial Diversity in the Educator Workforce", US Department of Education, July, 2016.

16, 20, 21. M. W. Morris, Black Stats: African Americans by the Numbers in the Twenty-First Century.

17. "Five charts that tell the story of diversity in UK universities", BBC News, May 24, 2018.

18. "College Enrollment Rates" from The Condition of Education, National Centre for Education Statistics, 2019.

19. "How Racism in Health Care Has Affected Minorities Over the Years," ThoughtCo, March 18, 2017.

22. W. J. Hall, PhD, et al., "Implicit Racial/Ethnic Bias Among Health Care Professionals and Its Influence on Health Care Outcomes: A Systematic Review", National Centre for Biotechnology Information, 2015.

23. K. M. Hoffman, et al., "Racial bias in pain assessment and treatment recommendations and false beliefs about biological differences between blacks and whites", National Centre for Biotechnology Information, 2015.

24. "'Unconscious' Racial Bias among Doctors Linked to Poor Communication with Patients", Medical News Today, March 16, 2012.

25. J. Sabin PhD, et al., "The Influence of Implicit Bias on Treatment Recommendations for 4 Common Paediatric Conditions", American Journal of Public Health, 2011.

06 선입견은 개인적인 것

26. T. Coates, "How Stand Your Ground Relates To George Zimmerman", The Atlantic, July 16, 2013.

07 사람들과 함께해 온 역사

27. "Facts: Racial Economic Inequality", Inequality.org, https://inequality.org/facts/racial-inequality.

08 사람들의 역사 바로 알기

28. The Northern Plains Reservation Aid의 웹사이트에서 History and Culture: Boarding schools 부분 참조.

29. "UK removed legal protection for Windrush Immigrants in 2014", The Guardian, April 16, 2018.

16 협력자 되기

31. "Statistics on Multicultural Literature", Cooperative Children's Book Centre, 2017.

32. Dr D. Hunt et al., "Hollywood Diversity Report 2018: Five Years of Progress and Missed Opportunities", UCLA College, Social Sciences.

용어집

AAVE : African American Vernacular English(아프리카계 미국인이 쓰는 사투리 영어)의 약자로, 미국에 있는 인종주의의 역사로 오명을 입은 영어 방언.

BIPoC : Black, Indigenous, People of Colour의 약자로, 흑인과 토착민, 유색인을 가리키는 표현.

고정 관념 : 근거는 전혀 없이 사람과 사물, 집단 등에 흔히 갖는 지나친 단순화 또는 그릇된 시선이 담긴 생각이나 태도.

공모 : 어떤 일에 함께하는 행동이에요. 불의를 저지르는 사람들과 함께하면 공모자가 돼요.

국적 : 자신이 태어난 나라 또는 시민권을 받은 나라의 한 사람으로서의 자격.

글로벌 다수자 : 흑인과 황인, 토착민이 세계 인구의 대다수를 차지한다는 사실을 일깨우며 사람의 가치에 힘을 실어 주는 용어.

내면화된 : 지배 집단의 사고와 태도, 행동 등이 자신의 굳은 믿음과 가치로 자리 잡힌 것.

노예제 : 사람을 노예로 삼는 것. 주로 아프리카계 사람이나 아프리카에서 온 흑인들이 대상이었어요. 재산으로 여겨진 노예의 신분은 자손에게 대대로 이어졌어요.

동화되다 : 지배 집단에 어우러지기 위해 지배 문화의 기준이나 질서, 태도, 사상을 받아들이는 것.

라틴계 : 라틴 아메리카 출신이거나 라틴 아메리카계 혈통인 사람들을 가리키는 용어. 과거 스페인의 식민지였던 나라나 지역 출신인 사람들과 라틴어 기반의 언어를 사용하는 나라 출신인 사람들을 모두 가리켜요.(154쪽 참조).

민족성 : 언어와 전통, 조상의 역사 같은 문화유산으로, 인종과는 다른 개념이에요.

백인 우월주의 : 피부색이 하얗다는 이유로 백인이 흑인과 황인, 토착민을 비롯한 글로벌 다수자보다 우월하다는 잘못된 믿음.

분류학 : 자연에 있는 동식물들의 갈래를 나누어 자세하게 분류하는 것.

사회·경제적 계층 : 직업이나 임금, 부 등을 바탕으로 이루어진 지위. 대체로 계층이 높을수록 권력과 영향력이 커져요.

사회적 구성 : 사회에서 만들어 낸 개념.

성 정체성 : 자신이 어떤 사람인지 분명히 알게 해 주는 성질. 태어날 때 정해지는 성별과 같은 정체성을 가질 수도 있고 다른 정체성을 가질 수도 있어요.

성적 지향 : 자신이 이끌리는 이성이나 동성. 감정적이거나 낭만적인, 성적인 끌림일 수도 있고 이러한 것들이 두루 합쳐져 끌리기도 해요.

소외당하는 : 지배 문화의 기준들과 많이 달라서 하찮고 가치 없이 취급받는 것. 소외는 자원과 권력을 누리지 못하고 밀려난 사람들에게서 의도적으로 영향력을 빼앗는 것이에요.

시스젠더 : 사람이 타고난 성별과 스스로 느끼는 성별을 똑같이 여기는 경우예요. '시스(cis)'로 줄여서 '시스 여성' 또는 '시스 남성'으로도 표현할 수 있어요.

식민지 개척자 : 자신의 권력으로 열등해 보이는 다른 집단을 지배하는 사람 또는 집단을 가리키는 말이에요. 한 집단이 다른 집단을 지배하는 과정에서 폭력과 조작을 이용해 얻은 권력으로 식민지가 된 나라의 땅과 자원을 통제해요.

신경계 질환이 없는 : 어떤 문제 없이 평범한 발달 능력과 지적 능력이 있는 사람.

신경계 질환이 있는 : ADHD, 자폐증, 난독증, 투레트 증후군처럼 보통 사람과 신경 쪽에서 보이는 차이를 설명하는 용어. 유전 변이에서 비롯한 이러한 차이는 대체로 겉으로 드러나지 않아요. 따라서 신경계 질환이 있는 사람들을 아프거나, 행동에 문제가 있거나, 장애가 있다고 여기지 않아요.

억압 : 권력을 가진 한 집단이 하나 이상의 다른 집단을 기관이나 제도 등으로 억누르는 것.

연대 : 같은 목표와 행동을 통해 사람 또는 집단이 하나로 뭉쳐, 단단하고 지속적인 관계를 세우는 것.

열등한 : 자신이 다른 사람이나 집단보다 뒤떨어지거나 부족하다고 믿고 생각하는 상태.

우월한 : 자신이 다른 사람이나 집단보다 더 뛰어나다고 믿는 상태.

이성애자 : 자신과 성별이 다른 사람에게 매력을 느끼는 사람.

인류학자 : 인간의 과거와 현재를 연구하는 과학자. 인간이 어떤 환경에서 서로 관계를 맺으며 살아가는 방식, 언어, 문화, 전통과 더불어 인간의 행동까지 연구해요.

인종 : 피부색과 신체 특성을 바탕으로 사람들을 분류하는 사회적 구성 용어. 과학적인 사실이나 유전학을 바탕으로 하지 않아요.

제3의 성 정체성 : 성별이 없거나, 남성과 여성의 중간 또는 바깥 영역의 성별이 있다고 생각하는 사람들. 성의 범위가 다양해 제3의 성 정체성이 있는 사람은 모두 자기만의 방식으로 받아들여요.

제도 : 사람들의 문화와 생활에 영향을 미치는 법률, 정책, 관습, 절차 등.

제도적인 : 오랜 시간 동안 인간이 사회 생활에 필요한 어떤 기준 등을 제도로 만들어 놓은 것.

젠더 : 여성스러움에 근거해 사회에서 부여하는 역할을 가리키는 사회적 구성물 내지는 그 역할을 수행하는 것. 태어날 때 정해지는 성별로 정하지 않아요.

조상 트라우마 : 살아남은 조상이 받은 정신적 고통과 상처. 다음 세대로 전해지기도 해요.

주도권 : 실제로 변화를 만드는 힘. 선택과 결정을 내리는 능력을 말해요.

차별 : 의식적이든 무의식적이든 상관없이 생각과 행동으로 어떤 집단(또는 사람)을 다른 집단(또는 사람)보다 편애하는 것. 자신과 다른 사회 정체성이 있는 사람들을 부당하게 대하는 것을 말해요.

체계적인 : 조직적이고 계획된 것.

트랜스젠더 : 성 정체성이 태어날 때 정해지는 성별과 다른 사람.

특권 : 지배 문화에 연관된 사회 정체성으로 주어지는 혜택이나 이득, 권력. 지배 문화에서 정한 남성스러움과 여성스러움을 바탕으로 사회에서 정한 역할을 가리키는 태도와 가치, 기대 등이기도 해요. 태어날 때 정해지는 성별로 정하지 않아요.

펨 : 전통적인 여성적 특성을 보이는 여성 동성애자.

편견 : 개인이나 집단을 좋아하거나 싫어하는 정도예요. 올바른 판단을 방해할 수 있어요.

참고 문헌

책

Maurianne Adams et al (ed), Readings for Diversity and Social Justice.

Ta-Nehisi Coates, Between the World and Me. (타네히시 코츠, 《세상과 나 사이》, 오숙은 옮김, 열린책들, 2016)

Ta-Nehisi Coates, We Were Eight Years in Power.

Brittney C Cooper, Eloquent Rage: A Black Feminist Discovers Her Superpower.

Angela Yvonne Davis, Freedom Is a Constant Struggle: Ferguson, Palestine and the Foundations of a Movement.

Angela Yvonne Davis, Women, Race & Class.

Roxanne Dunbar-Ortiz, An Indigenous Peoples' History of the United States.

Reni Eddo-Lodge, Why I'm No Longer Talking to White People About Race.

Zora Neale Hurston, Barracoon.

Ibram X Kendi, Stamped from the Beginning: The Definitive History of Racist Ideas in America.

Audre Lorde, Sister Outsider: Essays and Speeches. (오드리 로드, 《시스터 아웃사이더》, 주해연 옮김, 후마니타스, 2018)

Idelisse Malavé and Esti Giordani, Latino Stats: American Hispanics by the Numbers.

Charles C. Mann, 1491: New Revelations of the Americas Before Columbus, 2019.

Monique W. Morris, Black Stats: African Americans by the Numbers in the Twenty-First Century.

David Olusoga, Black and British: A Forgotten History.

Layla F. Saad, Me and White Supremacy.

Ronald Takaki, A Different Mirror: A History of Multicultural America. (로널드 다카키, 레베카 스테포프, 《역사에 없는 사람들의 미국사》, 오필선 옮김, 갈라파고스, 2022)

Beverly Daniel Tatum, 'Why Are All the Black Kids Sitting Together in the Cafeteria?' And Other Conversations About Race.

Malcolm X and Alex Haley, The Autobiography of Malcolm X.

다큐멘터리

Peter Bratt, "Dolores", 2018.

Ava DuVernay, "13th", 2016. (에바 두버네이, 〈미국 수정 헌법 제13조〉, 2016)

Goran Olsson, "The Black Power Mixtape 1967-1975", 2011. (골란 올슨, 〈더 블랙 파워 믹스테이프〉, 2016)

Stanley Nelson Jr, "The Black Panthers: Vanguard of the Revolution", PBS, 2015. (스탠리 넬슨, 〈더 블랙 팬더스: 뱅가드 오브 더 레볼루션〉, 2015)

Raoul Peck, "I Am Not Your Negro", 2017. (라울 펙, 〈아이 엠 낫 유어 니그로〉, 2018)

읽어 볼 만한 책

※ 한국에 소개된 책도 있지만 그렇지 않은 책들도 있어요. 후에라도 영어 실력을 키워 다음에 소개하는 책들을 원서 그대로 읽어 보기를 권해요.

비소설

Henry Louis Gates Jr. and Tonya Bolden, Dark Sky Rising: Reconstruction
and the Rise of Jim Crow.

Winona Guo and Priya Vulchi, Tell Me Who You Are: Sharing Our Stories of Race, Culture and Identity.

John Lewis, March graphic novel series.

James W. Loewen, Lies My Teacher Told Me: Young Reader's Edition. (제임스 W. 로웬, 《선생님이 가르쳐 준 거짓말》, 남경태 옮김, 휴머니스트, 2010)

Bryan Stevenson, Just Mercy: A Story of Justice and Redemption. (브라이언 스티븐슨, 《월터가 나에게 가르쳐 준 것》, 고기탁 옮김, 열린책들, 2016)

Wilson, Jamia and Andrea Pippins, Step Into Your Power.

Howard Zinn, A Young People's History of the United States. (하워드 진, 레베카 스테포프, 《하워드 진 살아 있는 미국 역사》, 김영진 옮김, 추수밭, 2008)

소설

Samira Ahmed, Internment.

Nidhi Chanani, Pashmina.

Natasha Diaz, Colour Me In.

Cherie Dimaline, The Marrow Thieves.

Jewell Parker Rhodes, Ghost Boys.

Matt de la Peña, Mexican White Boy.

Jason Reynolds, Long Way Down. (제이슨 레이놀즈, 《롱 웨이 다운》, 황석희 옮김, 밝은세상, 2019)

Nic Stone, Dear Martin. (닉 스톤, 《디어 마틴》, 곽명단 옮김, 돌베개, 2021)

Renee Watson and Ellen Hagan, Watch Us Rise.

Gene Luen Yang, American Born Chinese.

Ibi Zoboi (ed), Black Enough: Stories of Being Young & Black in America.

This Book Is Anti-Racist © 2020 Quarto Publishing plc.
Text ©2020 Tiffany Jewell. Illustrations © 2020 Aurélia Durand.
'Anti-Racist Youth'(pages 152-153) © 2020 Amelia Allen Sherwood.

First Published in the UK in 2020 by Frances Lincoln Children's Books, an imprint of The Quarto Group.
All rights reserved. No part of this publication may be reproduced, stored in a retrieval system,
or transmitted, in any form, or by any means, electrical, mechanical, photocopying, recording or otherwise
without the prior written permission of the publisher or a licence permitting restricted copying.

KOREAN language edition ⓒ 2022 by Bomnamu Publishing Co.
KOREAN language edition arranged with The Quarto Group through POP Agency, Korea.

- 이 책의 한국어판 저작권은 팝 에이전시(POP AGENCY)를 통한 저작권사와의 독점 계약으로 봄나무가 소유합니다.
- 신 저작권법에 의하여 한국 내에서 보호를 받는 저작물이므로 무단전재와 무단복제를 금합니다.

인종 차별을 반대합니다

2022년 5월 18일 초판 발행
2024년 10월 8일 1판 2쇄 발행

티파니 주엘 글 | 오렐리아 뒤랑 그림 | 박영주 옮김

펴낸이 김기옥 ● **펴낸곳** 봄나무 ● **아동 본부장** 박재성
영업 서지운 ● **제작** 김형식 ● **지원** 고광현
등록 제313-2004-50호(2004년 2월 25일) ● **주소** 121-839 서울시 마포구 양화로 11길 13(서교동, 강원빌딩 5층)
전화 02-325-6694 ● **팩스** 02-707-0198 ● **이메일** info@hansmedia.com
봄나무 인스타그램 https://www.instagram.com/_bomnamu
도서주문 한즈미디어(주) 주소 121-839 서울시 마포구 양화로 11길 13(서교동, 강원빌딩 5층)
전화 02-707-0337 ● **팩스** 02-707-0198

ISBN 979-11-5613-192-2 73190

- 이 책 내용의 일부 또는 전부를 사용하려면 반드시 저작권자와 봄나무 양측의 동의를 얻어야 합니다.
- 책값은 뒤표지에 나와 있습니다.